1万人を面接してわかった

上位5%で辞めない人財を採る方法77

(株)リード・イノベーション 代表取締役
磯谷幸始
isoya yukiharu

プレジデント社

1万人を面接してわかった

上位5%で辞めない人財を採る方法77

(株)リード・イノベーション 代表取締役
礒谷幸始
isoya yukiharu

プレジデント社

まえがき

私が本書を書いた理由

私は現在、「すべてのチームを史上最高に」というミッションのもと、経営層を対象としたマネジメントコーチングを軸に、人事・組織コンサルティングにて成長企業のチーム創りのサポートをしております。

そんな私が、なぜ、採用に関する本を書いたのか？

クライアントのＣＥＯとミーティングを通して、「史上最高のチームとは何か？」という議論をすると、ほとんどが人財に関する話になります。人財の中でもとくに、採用と育成が中心です。

今後の労働人口の減少やＡＩ化など、〝働くこと〟に関して、今、変革が問われています。だからこそ、私が学んできた採用のノウハウの一部を本書で公開することで、史上最高のチーム創りに生かしていただきたいこと。そして、**すべての人事が、自社だけのことではなく、就職活動生（以下、就活生）の人生を真剣に考え、その人生をサポートできる社会にできれば日本は元気になる。そう信じています。**

貴社と就活生との関係に今までとの違いが起こることを願っています。

なぜ今、採用が重要か？

ここ数年、新卒学生の「内定辞退率」は各種調査が示しているとおり、毎年、上昇を続けています。背景にあるのは、周知のように少子化による人手不足です。学生にとって売り手市場の就職戦線で、1人の学生をめぐって多くの企業が採用を競う状況となっています。

ただ、売り手市場とはいえ学生1人ひとりにとっては不安と焦燥に満ちた就職活動です。少しでも希望に近い仕事を手に入れたい、どこか1社でも早く内定が欲しいと、1人の就活生が非常に多くの企業にエントリーする傾向も目立っています。1人平均50社近い企業にエントリーしているという数字もあるほどです。

人気が高く志望者が殺到する大手企業でも、優秀な学生をめぐって同レベルの大手企業との獲得競争が激化し、内定を出す人数やタイミングに戦略的判断が求められる時代となっています。

また、大手企業は応募者が多いとはいえ、かつてのバブル採用期とはまったく異なり、近年の常に楽観できない経済状況を背景に、採用担当者には少数精鋭を厳選する眼力も要求されています。

産業構造の変貌や人々の価値観の変化から、かつては採用戦線の勝者であった業界が、採用の仕方の発想転換を強いられる現象も表れ始めています。

大きな括《くく》りでは同一の業界でも、現代では実にさまざまな業種・業態が生まれています。身近な例を挙げれば飲食業界です。高級レストランを運営する会社からファストフードや居酒屋のチェーンまで多種多様な企業が存在し、さらにその中で持ち帰り型やセルフサービス型、立ち食い、立ち飲み等々、実に多彩な業態が展開されています。

少数の学生と、多様な企業のマッチングの難しさという問題も抱える、現在の就活・採用戦線です。

中小ベンチャー企業はますます苦境に

一般的に、人の集団には「2：6：2の法則」が存在すると言われています。しかし、昨今、リクルートワークス研究所主幹研究員・豊田義博氏によると、組織の上位から「5：15：40：40」になっているそうです。1つの集合における分布です。

プロ野球の世界でも、国民の多くが知っている選手は全体の5％程度、そして一軍の固定レギュラーとして試合に出ている選手が15％、代打や数試合出場などの選手が40％、ファームや短期で引退となってしまう選手が40％と分布されます。

これは、企業においても同じことが起き始めているのではないか？　人が集まるところ、およそそういう比率に落ち着くという法則です。

就活生という集合にもその法則が当てはまるとすれば、どの企業も当然、上位の5％、または15％を採ろうとします。学生の絶対数が減る中で、さらに限定された枠内での奪い合い。とくに中堅クラスの企業は、その範囲から少しでも優秀な学生を見つけ出し、自社に来てもらえるように努めている状態です。

さらに苦労しているのは中小ベンチャー企業です。学生には根強い大手志向があるため、少子化の中、説明会や面接に就活生を集めることにも苦労し、たとえ応募があって内定を出しても、多くの辞退者が発生することを想定しての採用活動になっています。翌春の入社の時期まで待ってみないと、何人を採用できるかさえわからない現実もあるのです。

このような時代だからこそ、「採用をどう成功させるか？」がますます重要度を増しています。それは同時に、採用担当者の存在、採用担当者の手腕が大きな意味を持つ時代になったということでもあります。

人財採用こそ、実は企業にとって最も重要な、未来への投資です。本書では、それを成功させるための新しく具体的なポイントの数々を、採用のプロフェッショナルとしての実経験をもとにお伝えしていきます。

自分の言葉をデザインする

採用に強い会社を創ろうとしたとき、どんなブランディングをして、どうやって採用するのか？　その工夫は……？　などと考えるのは当然かもしれません。

しかし、私はそれ以上に、**「働いている人が幸せかどうか？」**のほうが重要だと考えています。働いている人が幸せなのかは、社員の方々が日常業務の中でどんな表情で、どんな言葉を使っているかでわかります。

さまざまな業種のクライアントと触れあわせていただいてきたことで、わかったことがあります。経営陣が否定的な言葉を使っていれば自然と組織はそうなりますし、経営陣が肯定的な言葉を使っていれば自然とそうなる、ということです。

面白いのは、どういう言葉を使っているのか、自分では気がつかないことが多い点です。私たちは年齢の分だけ〝オレ流〟で言葉を使ってきています。ですが、ほとんどの人が自分の発言の癖を発見できていません。

あなたがもし、自分の言葉をデザインできたとすると、あなたの周りの人、そして、あなた自身の人生が素敵になるのではないでしょうか？

本書では、**言葉を変えること、意識することについても触れています。**採用強化とともに、貴社の文化が現社員とこれから入ってくる人にとって、もっと素敵な文化になることを心から期待しています。

採用担当者を育てるためのビジネスコーチ

現在、私は株式会社リード・イノベーション代表取締役として、マネジメントコーチング（世界で唯一、会議にフォーカスしたコーチング。〝言葉〟を変えることで世界を変える）、および、魂の承継（事業承継サポートサービス。先代社長の想いと次代の志。承継にまつわる経営意志の合意、次世代社長の成長のサポート）を行っています。

つまり私は、チーム創りをすることで人や組織にインパクトを提供し、経営者を勝利に導く、プロのビジネスコーチです。さまざまな業種・業態の企業から経営と人財に関する仕事をいただいています。

人の思考や行動に関するタイプごとの癖、「なぜ、やると言ったことをやらなくなるのか？」など、行動変革についても研究しています。

また、東証一部上場企業の人事部長の経験があるため、採用戦略立案から採用ブランディング、会社説明会の在り方、面接で学生の「イエス」を引き出すテクニックなどの人事コンサルティングを行っています。同時に、毎年ボランティアで優秀な学生向けの就職セミナー、企業セミナーなども開催しています。

これらは日本ＩＢＭで営業を学び、エンターテイメント企業、飲食チェーン企業の人事部長の経験が大きな礎となっています。就活生から見たときに必ずしも人気業界とは言えない業界の人事担当者として、採用の現場で延べ１万人以上の就活生に会ってきました。

私が創りたい世界は、企業の採用担当者自らが優れた採用担当者・人事担当者、そしてビジネスパーソンとして成長を果たし、ただ採用人数の目標を追いかけるだけの人事ではなく、**未来に向けた人財投資を経営トップと議論できる世界**です。そうなると、本質的な人事戦略が可能となり、就活生に対する素晴らしい就活のサポートの世界も創れると思います。

とくに**新卒採用に苦労している中堅・中小企業に対し、「守り」から「攻め」の採用へ、学生に対する採用精神とノウハウをインストールする**こと――。それが私の役割です。

少子化で厳しい状況のもと、人財獲得に苦労している企業と担当者のために、採用戦略の立て方から具体的なテクニックに至るまで、私が蓄積してきた採用のためのノウハウを本書で公開させていただければと思います。

本書では、上位５％で辞めない学生と、「どう出逢い、どう見極め、どのようにして採用するのか？」について書いてきました。しかし、実は採用だけではこの問題はまったく解決しません。

「そもそも上位5%の人が入りたい会社であるか?」「新入社員が、入社後もこの会社と関わり続けたい文化であり、組織であり、仕事であるか?」「その環境や機会をどう経営として創り上げられるのか?」

これらのほうが、むしろ解決すべき美味しい問題です。採用をきっかけに、経営や組織に関する問題解決を同時に行い、すべてのチームが貴社史上最高になるきっかけとなれば幸いです。

2018年4月

礒谷幸始

目次

第2章 史上最高の採用チーム創り

第3章 私たちの未来を創る最高の母集団形成とは？

第4章 説明会の工夫

第5章

面接の工夫

第1章

採用担当者の心構え

1. 選ばれる企業になるためには、採用戦略が必要

企業などの社も年間事業計画を立て、売上目標を設定し、それを達成するための営業戦略を組み立てていると思います。

では、貴社は採用に関してどの程度の戦略を立てていらっしゃいますか？

素晴らしい成果を確かなものにしたいのであれば、経営者と事業部責任者、採用責任者との間で、3者の合意をすることをおすすめします。

私が人事コンサルタントとして、さまざまな企業に「採用戦略はありますか。企画書があったら見せてください」とお願いしても、「ありません」という答えが返ってくるケースがよくあります。

社外秘として200ページにもわたるような採用戦略の企画書を作り込んでいる会社はないかもしれませんが、せめて20～30ページくらいの採用戦略の企画書があるといいかもしれません。

また、その企画書を作るプロセスを共有できる会議があると、自社のキーパーソンを巻き込みやすいです。それがあれば、経営者も含めて社員全員が「なるほど、このようにして人事は動いているのか」と理解できますし、自社の採用の方向性に関して認識を共有することができます。そして何より大きいのは、採用活動のための予算取りに合意が得やすくなります。

その採用戦略・企画書の根幹となるのが採用フレームワークです。次項では、その採用フレームワークについて説明していきましょう。

Point▼採用戦略の企画書を作る

2. すべてのベース、採用フレームワークを作る

新卒採用にも経営計画と同様の戦略が必要です。その具体的な基礎資料となるのが、採用フレームワークです。

あるサービス業の会社の例を紹介してみましょう（図1参照）。

説明会に４８８名が来て、筆記試験まで終えたのは２６０名。次の人事面接で１５２名に減り、そのうち内定を出したのが26名で、最終的に入社したのが16名でした。

このように数字を並べてみると、次のようなことが見えてきます。

まず、最初の４８８名に対して説明会やグループ・ディスカッションを実施したのに筆記試験まで進んだのは53％の２６０名。企業側が意図的に絞り込んだのでなければ、説明会がつまらなかった、学生に「何か違うな」という印象を与えてしまった、企業のイメージ作りの不足等、原因があるはずです。

内定者の26名から最終的に入社したのが16名に減ったことについては、企業側が意図的に内定を多めに出した場合（上位大学や体育会系の優秀な学生を狙いにいったので、当然、他社との競合が想定される）でなければ、学生に逃げられてしまった率が高すぎるということになります。その原因は何なのか？　内定後、学生に対するフォローが不足していたのではないか？　もしそうなら改善が必要だということになります。

このように、**採用活動の選考プロセスごとに数値を記入して歩留まり率がオンデマンドで把握できるフォーマットが作ってあれば、常にそこに立ち返り、当年度の就活期間中の随時の方**

図1　あるサービス企業の選考歩留まり

	参加者	合格者	通過率
説明会&GD	488名	342名	70.0%
筆記試験	260名	217名	83.4%
人事面接	152名	86名	56.5%
役員面接	58名	34名	62.9%
最終面接	32名	28名	87.5%
内定出し		26名	92.8%
内定承諾		16名	61.5%

（488名→260名：47%減）

針修正や追加投資、次年度以降の方針検討、戦略構築などに有効です。

社長が人事部長に、採用試験を受けに来た人数を聞いても、「100人ぐらいです」という概数しか報告できないようでは、有効な採用活動は望めません。フォーマットがあれば、「今年はこういう結果だったが、来年はこうしよう」という比較ができます。

採用の最初の段階として形成する母集団の学生数と、実際に入社した学生の質とを分析して、「来年は優秀な学生を採るために、母集団の数をもっと増やそう。そのためには予算の増額はどの程度必要」とか、逆に「当初の人数は絞り込んで、高学歴の学生を集めるためのルート作りに力を入れよう」などと、フォーマットを基に分析・検証・改善・設計をすることができます。

営業にたとえれば、ある商品のプロモーションで、何人を集客できて、そのうち実際の購買者は何%だったかという分析と同じことです。**計画し実行してみて検証し改善する。PDCA(Plan Do Check Action)です。**

一次選考→二次選考→最終面接→内定→承諾→入社と進む流れの中で、それぞれ歩留まり率は何%なのか。それを把握せずに有効な採用戦略を練ることはできません。

例えばリクナビ、マイナビ等を利用して合同会社説明会に集まってくれた就活生の数に比して、次の段階、面接のために会社に足を運んでくれた学生数が少ない場合は、どうすればいいのでしょうか?

この段階の歩留まり率を上げたいと考えるなら、「今年はエントリー数の目標を1000人に増やそう。では、どうやって増やすか。リクナビ等に頼るだけでなく、増やすルートを独自に開発したほうがいいのでは」「そのうえで、説明会のプレゼンテーションに工夫を加える必要も」「面接と並行して学生が関心を持ちそうな就活イベントも企画しましょう」といった案を検討することができます。

説明会後の一次選考についても、今年は1人でも多く通す選考にするのか、逆にここで絞り込んで残った学生とのコンタクトを密にするのか、今年の説明会は数にこだわるか男女比率にこだわるか等の方針決定には、常に採用フレームワークに立ち戻ることが必要です。
また、内定者の履歴書を並べて、何をもって優秀という判断をしたのかなどの事後検証を行っておくことも、次年度以降の採用戦略の立案に役立つでしょう。

Point▼歩留まり率をまとめた採用フォーマットを作る

3. 誰もが欲しがる〝優秀な人〟とはどんな人か？

企業が採用したいと思う「優秀さ」とは何か？　さまざまな要素がありますが、私の主観だと究極的には次の3点に絞れると思います。

①素直な人、②意思決定が早く、すぐ行動する人、③やり切る人です。

まず、素直な人とは自ら学ぶことができる人です。どんなに優秀だとしても基本的には天才などいません。ですから他人から学ぶことはとても大事です。先人から、先輩から、お客様からも学びます。素直な人ほど、「ああ、なるほど」と言いつつ、その学びの道に入りやすいもの。あとは、それらをやり切るかどうかです。

意思決定が早く、すぐ行動する人は、就活で選択に迷わない人。「A社にするか、B社を選ぼうか」と悩んでいないで、早く決めてさっさと働いたほうがメリットになることも多いです。学生は企業を選ぶとき、よくわからないので各社を相対評価で比較しようとします。どちらの会社のほうが年収や職場の雰囲気が良く、自分の可能性を引き出してくれそうで、将来の安定性もあるか？　そんなこと誰にもわかりませんよね。

だったら、縁のあった会社での可能性と親和性を信じて、その会社で活躍するための努力に時間を割く。そのほうが良い結果に結びつく、というのが私の持論です。

結婚だって、世の中には素敵な人（男性・女性）がたくさんいて、目移りしていたらきりがありません。縁のできた人との結婚を決め、その後の生活の充実に努力を傾けるほうが賢明なのではないでしょうか。

現代は、意思決定のできる人が減ってきていると言われています。情報社会で何でもすぐに検索できてしまうので、常に「これ以外の可能性を」と求めてしまうからかもしれません。

物事に成功する人の多くが持っている特質とされているのが「Grit《グリット》」。困難やハードルに出遭っても諦めずにやり続ける粘り。良い意味での「しつこさ」です。

３つ目のやり切る人とは、それを持っている人。私の周囲を見回しても「やり切れてないな」という人は少なくありません。そこを変えるには、小さな成功を重ねることと、自分で「解釈・判断しない」ことです。

例えば、スポーツ選手の場合でも、コーチから「苦しくてやりたくない練習だろうが、最後までやったほうがいい」とアドバイスされたときに、「これは僕にとって価値がない」と解釈を加え練習をやめてしまわないこと。自分で言い訳を作り出さないということです（解釈については、64ページのコラム①で詳しく説明していますので参照してください）。

仕事でも**「売上を上げるには、これ、やってみな」と言われたら、「わからないけれど、やってみます」と「まず、やる」タイプのほうが、自然と売上を伸ばせる**ものです。

やり切れる人とは、信じてやり切る人です。何を選択し、何が正解だったかは未来にならないとわかりません。やると決めたことをブレずにやり切り、正解になればいいのではないでしょうか？

経営に、スペシャルプレーはありません。やろうと決めたことを正しく遂行するのみです。やり切ったあとに、万一、失敗だったとしても修正すればいい。やり切ったからこそ次の道も見えてくるのです。

最近は社会環境もあって〝生産性〟という言葉が流行しており、働き方改革によって、長時間労働が社会悪のように言われます。しかし、成功者の中にやり切らない人は見たことがありません。

「そんなことは論理的にはわかっている」とおっしゃる方もいるとは思いますが、結局いろいろなストーリーを創っても、やり切れない人は大勢いる気がします。

3つの要素を見てきましたが、結局のところ、いろいろな人々をコーチングしてきた経験から、私は次のように感じています。

素直な人は伸びる。柔軟な心で何でも受け止められるから、成長することができます。素直でない人はコーチングのしようがありません。これは年齢に関係なく、社長クラスも同様で、コーチングを受けて学ぶ準備のあるコーチャブルな経営者ほど成長します。

人生において、正解などありません。意思決定を早くし、いろいろな人から素直に学ぶことで自分を正していく。そのことを、やり切る。それが素晴らしい人、素晴らしいストーリーの持ち主となれる人なのかもしれません。

私は人生そのものが、自分が創り出すストーリーそのものだと思っています。

「MY LIFE IS MY STORY」

「どんな人生が素晴らしいのか？」の正解は、自分の解釈の中にしか存在しない。要するに、自分が幸せだと思えば幸せなのです。

就活生の採用においても、これらが学生を見極める大切なポイントだと考えています。

Point▼成長が見込まれる素直な人を採用する

4. 学生の見極め方① 誰を採用するのか？
〝神様スペック〟の就活生は存在しない

どこの会社も当然、「〝優秀な人〟が欲しい！」と言います。では、「〝優秀な人〟とはどんな方ですか？」と質問をすると、「地頭が良く、頭の回転が早く、高身長で爽やかで笑顔が素敵で、部活とか頑張ってきた人」という返事が返ってきます。

もう勘の良い方はわかりますね。これではどんな人が優秀な人か、まったくわかりません。なぜなら、それはあなたのストーリー＝解釈だからです。それをプロのコンサルタントは、ヒアリングをしながらペルソナ（求める人物像）化することで、「人物タイプ要件」を設計していきます。

しかし、多くの採用コンサルタントはここで間違いを起こします。それはそのコンサルタントや社長、人事部長の解釈だけでの話だからです。解釈は人によって異なるので、合意をしておく必要があります。求める条件をもう少し詳しくして合意形成をしていくのです。

どういった人を採用するかは、私であれば、**その会社で働く新卒の先輩や、その業界や職種で活躍している人にインタビューをし、その人に関する経験を中心に事実を集めに行きます。成果を出している人に、成果を出している要因＝ファクトを聞いていくのです。**

それらを集めたうえで、結果的に解釈の合意をしていきます。全員で確認し合い、全員の採用したい人物像を一致させます。その際に、私は図2のようなフォーマットを作ります。

まず、採用する人物に必要な要素（コンピテンシー）を、Bランク＝MUST（必須条件）／Aランク＝WANT（できれば欲しい）／Sランク＝GREAT!!（これまであったら最高）の3つに分類します。

付箋を用意して、必要な要素を書き出していきます。要素はできるだけ具体的に、より明確に書きましょう。そして関係者で、「この要素はMUSTかな？」「いや、WANTの要素だね」などと話し合い、当てはまるカテゴリーに付箋を貼っていきます。こうして、「誰を採用していくのか？」を関係者で合意していくのです。

結果的に、Bランクの要素を持った人を多く採用することになります。Sランクの要素を持った人は確かに素晴らしいですが、Sランクの人はそもそもの数が圧倒的に少ないです。それ

図2●「誰を採用していくのか?」を検討するフォーマット

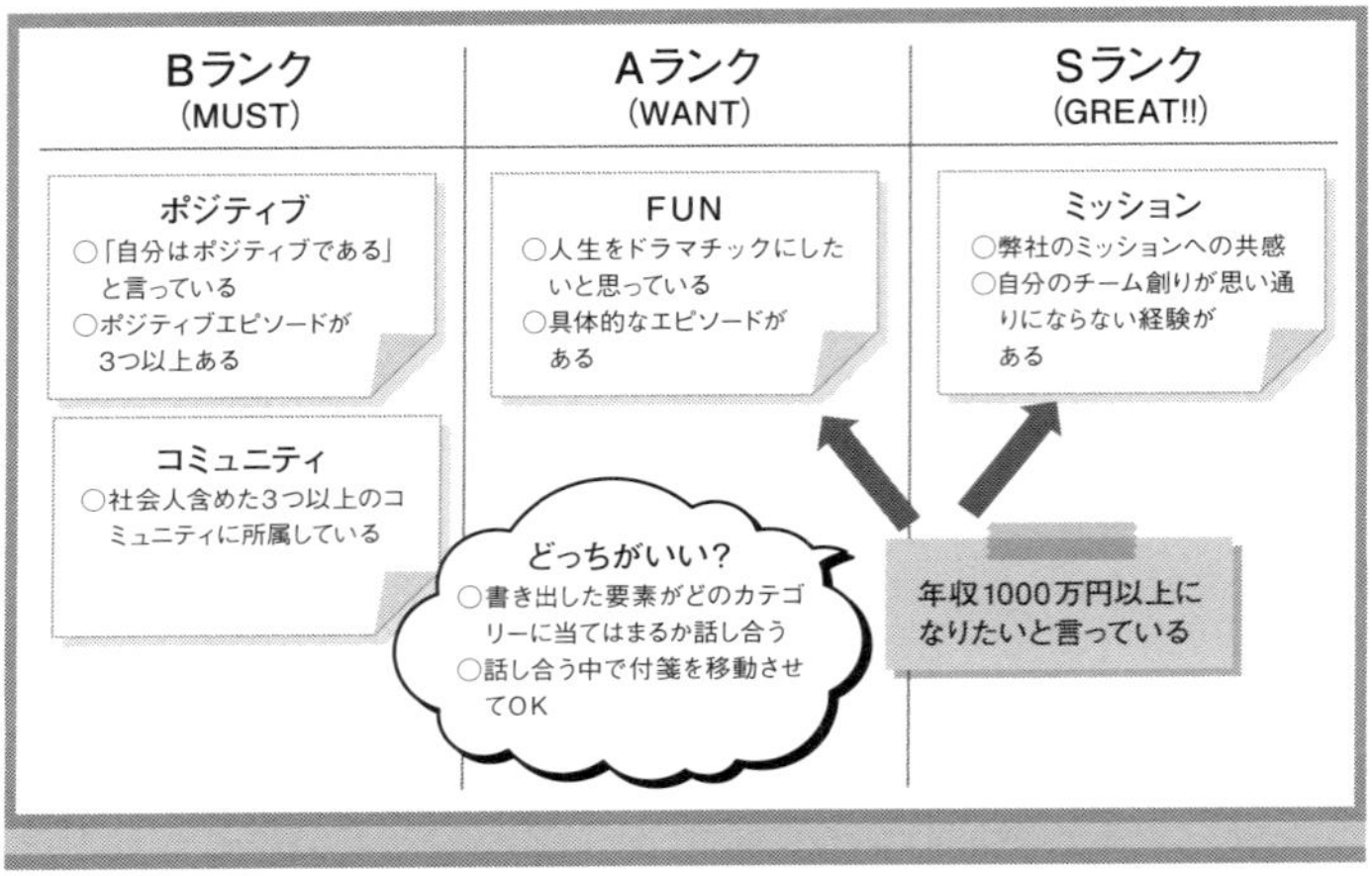

よりは、Aランクの要素を持った人を少しでも採用し、しっかり育成することをしたほうがいいでしょう。

ここで気をつけたいのが、「そんな人、この世の中にはいません問題」です。経営者の方は、当然優秀な方が欲しいとおっしゃいます。

例えば、学生時代から起業した経験があり、自分で1000万円以上の利益を出していた人（そもそもそんな方は企業に入らない可能性が高い）とか、高校野球で甲子園に行っていて偏差値70以上ある大学で理系の学部に行きながら、研究職でなく営業をやりたいと言っている（そんな方がなぜ御社を受けに来るのでしょうか？）など、そんなありえない人物像を私は〝神様スペック〟と呼びます。

そもそも、あなたが大学時代にはそんな神様スペックだったのでしょうか？（もちろん、そういう人もいらっしゃると思いますが……）

とはいえ、もちろんそんな神様スペックの就活生がいる可能性はあります。

リクルートでは、自分より優秀な人を採用するというのがルールと言います。私の古巣の日本ＩＢＭは、ある年の新卒新入社員全員の平均ＴＯＥＩＣ ＳＣＯＲＥが９００点だったそうです。ある学生１名を採用するのに１０００万円かかったが、入社後３カ月で３０００万円の売上を作ってしまった、というコンサルティング会社もあります。

可能性の立場に立ったときに、どこまで採用チームが学生の質にコミットできるか？　これは永遠のテーマかもしれません。

Point▼採用したい人物像は経営者と合意して決める

5. 学生の見極め方②
サービス・飲食業界のバイトは「どの店で」がポイント

社会経験の観点からアルバイトを評価する場合は、「どこで」がポイントになります。

学生のアルバイトは飲食業界関係のことが多いのですが、同じ飲食でも安い居酒屋と客単価の高い高級店とでは、働く人に対する教育、店員として要求する質やレベルが大きく異なるからです。

高級業態のお店では、ワインの注ぎ方にしても、「ボトルはお客様の右側から」「ラベルの面が表になるように」など、接客のさまざまな常識が最低限のマナーとして教育されます。

したがって、アルバイト経験に関しては、どこの店で働いていたのかを聞くことは、1つの判断材料となります。具体的には、サービス・飲食関係で評価が高いのはスターバックスです。

スタバでアルバイトをしていた就活生には、「エプロンは何色？」と聞いてください。「黒です」と答えたら、同社内の資格等級試験に合格した証。評価は、さらに高くなります。試験をクリアするには一定の努力が必要で、ポジションにふさわしい教育も受けているからです。**努力できる人物という評価材料になると同時に、採用する側にしてみれば、教育コストが低く済むというメリットもあるのです。**

もちろん、アルバイトの経験はないが優秀だという学生もたくさんいます。社員教育の制度が整備されていて社員教育に自信のある会社であれば、アルバイト経験など不問に付すことになるでしょう。

Point▼アルバイト経験は「どこで働いていたか？」を尋ねる

6. 学生の見極め方③ 気にすべきは大学ではなく高校の学歴

学生を評価する基準として「学歴」は厳然としてあります。

中堅企業や中小企業で、今まで採れていなかったランクの大学から新入社員が来れば、「今年は新卒採用の質が上がった」という話にもなり、人事部の評価が上がることもあります。

しかし、学歴が高く優秀であることと仕事ができることとは同じではありません。東大生などには、インプット力が高すぎて、仕事はできない人という例もあります。それを面接で見抜かなければなりません。

1つヒントになるのは、「大学名よりも、高校の偏差値」です。実際、私が人事部長時代、**1から「最高の採用チーム」を創るために、人材紹介会社に人事の採用担当者ポジションは「偏差値68以上の高校を卒業している人を紹介してください」**とオーダーしていました。

なぜ、高校を判断基準にするのかといえば、大学入試とは異なり、偏差値の高い高校にスポーツ推薦で入学できるケースは日本では数がまだ少ないからです。

偏差値の高い高校に合格しているということは、知識や情報のインプット力や処理能力に関し、本来の地頭力として一定水準以上のものを有しているということ。企業にとってはリスクヘッジができるということです。

Point ▶ 学歴は「高校の偏差値」を判断基準にする

7. 採用の成果が出るには3年はかかる

ある年の新卒採用の成否を本当に判定するには、3年はかかります。採用した新入社員が本当に戦力になるかどうかの判定に加え、母集団の形成など採用戦線で担当者が仕掛けた策や改良した点がどんな影響をもたらしたかの分析など、これらが出揃うには最低3年は必要だからです。

つまり、採用を担当する人事部門は、そのぐらいの長い目で採用を考えなければならないということです。

ある年に、今までは採れていなかったMARCH（明治・青学・立教・中央・法政）クラスの学生が何人か採れた企業なら、「今年は成功だった」となるでしょう。が、決してそれだけに留まっていてはいけないのです。

そもそも、採用自体に1年半かかります。2020年4月入社の新卒採用であれば、2018年夏頃から採用計画・設計など活動を開始します。

その２０２０年採用の成果が十分だったかどうかは、２０２０年4月の段階ではまだ判断できません。さらに、入社して1年間、２０２１年3月までの期間は、新入社員は一種のお客様扱いで、戦力としての本質的な評価はできません。

「この新人、本当に化けてくれるかな」という目で見るのは2年目からです。つまり２０２１年の夏以降の話。それ以降の状況を見なければ、「２０２０年の採用は良かった」とは本当は言えません。「こういう学生が優秀である」という仮説が正しかったかどうかを分析しようとすると、約３年後になるのです。

ところが、多くの企業で採用担当者はそこまでの時間の幅で考えず、早い時期に「良さそうですね」と漠然とした評価を下すだけで、入社後の職場での評判には関心を持ちません。野球で言えば、スカウトが新人獲得だけで自分の仕事は終わりと考え、入団後は現場のコーチに任せっぱなしで、選手の様子を知ろうとしないようなものです。

ある年の採用が成功だったか否かの判断は、最初はもちろん、その年に設定した目標をクリアできたかどうかです。「ＭＡＲＣＨ比率75％以上を目指す」とか、「採用目標数40人」など、質や量ごとに設定したゴールに到達できたか、ということです。

次には、入社後の貢献度。例えば売上会社の場合なら、その年次の社員たちが、前年の先輩と比較してどれだけ売上を上げているのかが評価の材料になります。

さらに、2020年4月入社組を獲得するにあたって導入した各種の仕掛けや企業のブランディングといったものが本当に成功だったかどうかの判断は、翌年以降、1年後、2年後のエントリー数や面接学生数の増減、質の高低を見たほうが効果的です。

採用した学生の質を見極めるにも、また企業側が行った採用活動の諸施策が正解だったか否かを評価するにも、3年くらいのスパンで見たいです。


Point▼採用活動の結果は3年後に評価する

8. ベストな最終決定者とは誰か？

中小企業の場合、社長はあらゆる問題で最終決定者になりたがりがちです。採用の最終面接も同様。

「社長だから」という理由だけで決めていませんでしょうか？　それはベストなのでしょうか？

最終面接で競合企業と選考がバッティングしており、口説く必要がある学生に対して、学生のタイプと異なる社長がたいして魅力のない面接をしていたらどうでしょうか？

採用戦略上、最終面接を行うのに最も効果的な人とは誰か？　この疑問文を解いてみてください。

もちろん、それが社長の場合もあります。最終面接官と人事で新卒採用戦略、とくにペルソナや最終面接官としての役割のすり合わせが必要です。

仮に、社長が最終面接を行う場合、次の2点に気をつけてください。

まず、就活生との年齢差が10歳以上離れている場合、若者の優劣の見極めを誤る危険性があること。「根性がありそうだ」など単純な理由で気に入ってしまうこともありがちです。例えば、〝体育会の学生〟といっても、社長の時代はトレーニングで兎跳びをしたり、水を飲ませてくれないこともありましたよね。しかし、今は科学的な効率性の高いトレーニングをしており、水は積極的に補給します。時代が違うのです。

次に、社長が多忙で、最終面接の日程調整がうまくいかない恐れがあること。社長の空き時間待ちで最終面接が遅れると、学生はその間、どう思うでしょうか？

面接においてスケジュール調整は肝です。採用担当者は他社選考状況を踏まえて、効果的なタイミングで最終選考、内定出しを行う必要があります。しかし、そんなときに社長が海外出張で2週間戻らず、戻ってきても他の仕事に追われていてなかなか面接を入れられず、学生が他社に内定が決まったことにより、最終選考辞退ということもあるのです。

採用に関して時間的にも内容的にも社長よりは専門的に取り組めて、かつ責任を取れる人物を最終面接者として配置しましょう。

数十人を採用予定の企業で、仮に100人を面接するとなれば、1人1時間なら100時間が必要です。2人ずつ行っても50時間かかります。社長のカレンダーにその予定を入れることができるでしょうか？　他の責任者が行ってもいいかもしれません。

最終面接を社長が行わない場合、内定後のフォロー期間に、社長塾のような形で講話の機会を設けるなどして、社長が内定者全員と接することができるようにしてもいいでしょう。

Point▼社長は安易に採用活動に携わらない

9. 新規事業を新卒に任せる発想はナンセンス?

求人情報を「新規事業のメンバーを必要としている」という形で出せば、学生から良い反応を得られやすいのは確かです。学生には、「ビジネスを立ち上げるのはかっこ良い」という意識がありますし、「自分がその事業経営のトップになれるかもしれない」という思いも湧くからです。

しかし、新規事業の成功率は低いもの。成功する確率は一般にセンミツと言われています。1000件に3件当たればいいほうです。

確かにIT系、アプリ系など新卒が活躍できる業種もあります。サイバーエージェントが好例で、これらの分野ではユーザビリティ(使い勝手)に対するアンテナは学生のほうが高い場合が多いからです。

学生は新規事業の難しさをわかっていません。優秀な社員たちが毎日、休みも潰して企画書を書き続け、年間200本、300本書いても、やっと1本が当たるかどうかという世界です。

新卒社員にそこまでできるのかと言えば、疑問符が付きます。そもそも、事業計画書の書き方さえ知りません。事業計画書を作成できなければ、社長の意思決定もできません。

中小企業が、説明会等に従来よりもハイスペックな就活生を集めたいと望んだ場合、採用戦術として新規事業を打ち出す手はあるでしょう。ただ、新規事業に関われると思って入社したのに、それが実現しそうもないとなれば、辞めてしまうリスクもあります。

就活生へのアプローチには、工夫が必要です。新規事業に進出する予定や携われる可能性がありそうだと解釈できる程度の打ち出し方にします。そこから学生にどうインスパイアして、会社に興味を持ってもらえるかが人事の腕の見せどころです。まず接点を作り、興味を持ってもらえなければ採用では勝てません。

そのような採用の仕方をして、結局辞めることになったら悲しいです。内定期間中、つまり入社までに、学生の思いと会社の思惑との間のギャップを埋める工夫が求められます。夢と現実を両方持ったまま入社していただけると嬉しいですね。

新規事業打ち出しでのおすすめは、例えば、「あなたならではのアイディアを新規事業に生かしてみませんか？」です。全社員が応募可能なアイディア箱のようなものさえあれば、嘘になりません。これはどこの会社でもできます。

あるいは、「いつでも企画書を受け付けます」と、会社宛てにメールで新規事業の提案ができるような仕組みを作っておくのもいいと思います。目に見える形で可能性を感じられることが大切です。

飲食業界は、「派生的な新規事業の展開もありうる」という形で採用活動を行っています。新規事業のための採用にも2種類あります。ゼロから従来とはまったく違う領域の事業を打ち立てるケースと、メイン事業から派生した分野での新規事業です。

業界全体としては繁栄し旺盛な採用力を誇っているように見える飲食業界ですが、単純に飲食の現場へとアピールするだけでは学生アルバイトを募るのと変わらず、採用が容易ではありません。しかし、そういった場合、「新規事業ができるから御社に応募しました」という勘違いをされる学生が何％かは説明会にやって来ます。その学生を採用するのか、しないのかは、経営判断になります。

Point▼新卒が本当に新規事業に携われる準備をする

10. 商品開発を希望する学生にどう接するべきか?

新規事業の難しさは前項で述べましたが、同様に、勘違いが起きやすいのが商品開発です。実際、新商品の供給が盛んな飲料系や食品系の企業は高い人気を誇っていますし、メイン事業を生かした派生的な新規事業に近いケースですが、飲料、製菓等の業界から医薬品・健康食品・化粧品等に進出している企業も人気を集めています。

飲食業界の商品開発ではメニュー開発が人気職種です。しかし、学生は、現実=商品開発の現場を知りません。例えば肉のメニューを考える場合、唐揚げだけを、朝昼晩と2週間、ひたすら食べ続けるのです。好き嫌いなど言っていられません。仕事なので「もう食べられません」では済まないのです。どちらかといえば体に悪い仕事かもしれません。

飲食業界の入社試験で、栄養士や管理栄養士の資格を取得している学生は、「将来は商品開発をしたい」と言います。「管理栄養士の資格を生かして、栄養に特化した注目される商品開発をしたい」などと熱心に語ります。応募した会社にはヘルシー業態の開発の事業戦略がなくても、当たり前のように言ってきます。そんなとき、採用担当者はリアルな世界を教えてあげて学生の視界を広げてほしいです。

採用担当者は、学生が見えていない現実、現場とのギャップを埋めていく必要があります。新規事業にしても、商品開発にしても、ビジネスの現実を教え、そこまでの覚悟があるのかどうかをしっかり確認しなければなりません。希望する職種や会社の選択ミスを防ぐためには、学生に対しても教育が必要です。

母集団が多ければともかく、少ない場合には、「商品開発をしたい」と思ってくれて自社に興味を持ってくれる学生は貴重な存在です。したがって、現実を教えてあげながら、違う可能性を見出してあげることは学生にとっても企業にとっても大切なのです。

学生の多くは、社会人として世の中に出たことがありません。だから、彼らが行きたい業界、やりたい仕事のほとんどは本質的ではないストーリーです。当然、私も学生の頃はそうでした。

社長、部長、人事担当者は、学生の話をそのまま信じないでください。そのストーリーに違いを創ることで1人の大人の先輩として、後輩たちの人生の成功に少しでも貢献しましょう。

Point▶学生に見えていない現実を伝え、ギャップを埋める

11. 採用にいくらぐらいかければいいのか？

採用にかかるコストは業界やビジネスモデルによって異なりますが、一般に大学新卒の採用単価は、サービス業30万～50万円、文系60万～80万円、理系80万～100万円、エンジニアなら150万～200万円程度と言われています。

採用コストの中心は、就活生を自社の会社説明会に〝集客〟するための母集団形成費用（求人サイト利用料やイベント参加費など）や、会社説明会の実施、面接にまつわる経費です（採用担当者の人件費は別）。

「もっと優秀な学生を採りたい」と願っている中小企業の経営者も少なくありません。私も次のような言葉をよく耳にします。「うちにはMARCHがまったく来てくれない」「早慶上智を基本に採用したいのだが……」等々です。

そんなとき、私はその経営者にすかさず質問します。「社長、では、そのために採用にいくらかけるおつもりですか？」と。すると、「いや、今までと同じ金額で実現したい」との反応が多いのですが、「なるほどですねー（意味深）」と私。

気持ちはわかりますが、**一般的に採用単価は大学のランクによって大きく異なります。ランクの高い大学の就活生に興味を持ってもらい、紹介してもらおうと思ったら、それなりの投資が必要です。経営者の覚悟が問われるところです。**

出版社や新聞社はかつて入社希望者が押し寄せた業界ですが、近年はだいぶ様相が変わっています。そういう業界は採用予算を増して、採用の仕方を変える必要もあるかもしれません。

不動産も「この業界は嫌？」と尋ねると、「住まいって大事ですよね」と答える学生が多く、以前のネガティブなイメージは消えていいます。時代は変化しているのを肌で感じます。

優秀な人財を得たいと思ったら、どれだけの投資が必要か？　まさに事業上の戦略です。新卒を採用する3年後の投資より、つい目の前の売上のためのプロモーション費用が優先になってしまうということもあるのではないでしょうか？

なお、高校生の場合は制度上、勝手に採用はできないので、ハローワークを通すことになり採用単価は0円です。

Point▼優秀な人財を得るためにはある程度の投資を覚悟する

12. 早いほどいい、追加投資のタイミング

採用戦線の途中で、追加投資の必要性に迫られることもありえます。
「説明会に集まった就活生の人数が想定をだいぶ下回っているので、改めて説明会を開催したい」「何か学生向けに関心を呼ぶようなイベントを企画したい」など、何とか採用の成果を上げるための応急措置の投資です。

あるいは採用活動のスタート時に、集客目標（自社の就活イベントに集めたい学生の目標人数）を上方修正するなど、当初の計画に修正を加えることになる場合もあるでしょう。

追加投資はタイミングが大事です。仮に１００万円の追加投資をする場合、その資金を12月に使うのと、翌年3月に投入するのと、6月に使うのとでは、投資対効果が大きく異なってきます。当然、就活が本格的に始まる前であればあるほど効果は高くなります。同じ１００万円でも、夏も過ぎ秋口の追加投資では、優秀な人財は既に他社に決まっている可能性が高く、集められる学生数自体も減り、得られる成果は圧倒的に小さいものとなってしまいます。

追加投資が必要となるということは、そもそも当初の採用計画、戦略自体に問題があったと言わなければなりません。

どのレベルの学生を何人ぐらい採りたいのか。そのための当初の集客目標はどの程度に設定すべきなのか。今年度の採用の基本方針（獲得を目指す学生の質と量、男女比等）と、予定している活動計画案との間にズレがないか。こうした点をできる限り吟味してスタートすることが求められます。

もちろん、その年ごとの就活全体の動向を読むことも必要です。最近は、およそ3～4カ月の間に学生が意思決定するというスケジュールになっていますが、就活期間は経済界の意向や社会的な要請から年によって変動しますので、その情報を収集し、学生の動きを予想することも求められます。

採用コストは経営資源のための投資です。そう考えれば、おのずと採用コストに対する考え方、覚悟も異なってくると思います。採用経費に関するチャレンジが、新規ビジネスへの進出等その企業の展望を切り拓く可能性を秘めていることを、頭に入れておきましょう。

Point▼まずは追加投資がないように採用計画を吟味して立てる

13. 企業変革のために大型採用も考える

本章の10項（47ページ）では、新規事業を掲げて新卒採用することの問題点を書きましたが、採用に例年以上の投資をして従来とは異なる層の優秀な学生を獲得することは、新たな世界を創り上げます。それが結果的に新規事業を生み出す原動力となる可能性があるからです。

1人の大型新人、1人の〝異界の人財〟が、チームに変革を巻き起こすかもしれません。「ブレークスルーは業界外の人物にしか起こせない」という定説もあるほどです。

「うちみたいな中小企業に、あの大学からは採れないよ」と言われる社長もいらっしゃいます。業界の当たり前に縛られて採用している限りは、ブレークスルーは起こりません。

「採用は投資である」という意識を経営者が持てば、採用にかける資金も違ってきますし、採用の戦略も異なってくるのです。社長、ご安心ください。工夫次第で採用できます。

Point▶「採用＝投資」の発想から改めて採用方針を考える

14. 人事は関係各所との連携が肝

ファンクショナリズムが強いため、新卒採用の担当部門が、社内の経営陣や事業部門、営業部門等と十分なコミュニケーションを取れていない企業も少なくありません。あるいは、ヒエラルキーによって、採用担当者が気軽に部長を超えて、社長と直接話ができないという企業もあります。これでは採用活動に大きなマイナスです。

例えば、経営会議で財務担当役員から「全社における人件費率が高くなっている」という報告があり、議論の結果、社長から人事部長に「もっと効率的にならんのかッ！」という発言が出ていたとしましょう。

そういう情報もないまま採用担当者が、「合同説明会に集めたい学生が目標数に達しそうもないので、予算を200万円追加したいのですが……」と提案したら、どうなるでしょう。「ふざけるな！」と社長から感情的に一喝されてしまうということも。

営業等の現場部門は、与えられたバジェット（予算）があり、売上等の目の前の具体的な数値目標があるので、それを達成するために活動しています。

ところが採用は、中長期的な投資として行われる側面が大きいので、予算取りに曖昧《あいまい》さが入り込む余地も大。思いどおりに確保できない状況も起こるでしょう。

それでも今年度に成果を出すためには、「現時点で新たに欲しい」という予算も生じます。それを実現するためにも、**社内各所のキーパーソンとのコミュニケーションを密にしておくことが大事です。**

既に述べたように、採用戦略の企画書を作り、全社的な合意が得られていれば話の進行はスムーズなはずです。

また、他の項でも述べていることですが、面接や内定後のフォローで、就活生に自社の魅力を感じてもらうには各種部門で颯爽と働いている社員を引き合わせることも大事です。これをキャスティングと言います。その意味でも、人事部門は社内の意思疎通を良好なものにしておかなければなりません。関係各所との連携が必要です。

前項で触れた追加投資にしても、あらかじめ社長から追加投資する可能性や投資規模について承諾が取れていれば、最善のタイミングを見計らって実行することができます。**基本的には、社長をはじめ経営陣に新卒採用に対してどれだけ本気になってもらえるか否かなのです。**

その意味で、採用担当の責任者が経営トップを巻き込んで、採用について直接あれこれと話し合える関係を構築できているかどうかが、とても重要です。

企業によっては、現場を知らない総務人事部長が自身の立場を確かにするために社長とコミュニケーションをし、採用の現場を直接担当している採用担当者が社長とのミーティングに同席せず、意思疎通ができていないことも多々あります。そんなときは、人事部長に採用担当者の成功をサポートするための大きな器になってもらいましょう。

Point▼採用活動のために経営層・各部署との風通しを良くする

15. 採用活動は全社員のプロジェクト

採用活動への社員参加は、会社にとっても社員自身にとっても価値があります。

就活生にとっては、その会社で実際に働いている社員の姿は自分の未来像。採用活動の中で、そういう立場を意識して就活生と接触することが社員には求められます。**会社全体の強みや魅**

力を改めて客観的に考えるきっかけともなり、採用活動に若手を巻き込んだら、若手社員から会社が好きになったという声が聞かれるようになったという会社もあります。

採用活動に参加となれば、身だしなみについても、人事部門の採用担当者同様、自分に「私は最高にイケてる私か？」という問いをかけられると思います。最高の自分はスーツや髪型、腕時計、財布などによって違いが生まれます。

学生との面談を外のスターバックスでしたとして、会計をするときに、ポケットからジャラジャラと小銭を出すより、財布からサッとピン札の1万円札を取り出したほうが学生から見てかっこ良いかもしれません。

エンジニアや研究者、また生産現場の工場スタッフの方は、社外の人とのコミュニケーションの機会があまりないかもしれません。とはいえ、一人前の社会人、バリバリ働いているビジネスパーソン、かっこ良い大人としての外見や振る舞いをしたいところです。

また、学生というステークホルダーとの直接的な接触、会話は、何らかのヒントを与えてくれることもあり、あなたの仕事にとっても有益なものとなるかもしれません。

Point▶全社員が採用活動へ意欲的に参加する

16. 現場の仕事を理解している採用担当者はキレが違う

採用という仕事を分析してみると、次のようなことになります。

まず、対経営という観点からは、自社・社長・経営陣に対して、新入社員という〝資産〟を得る仕事です。できるだけ企業のニーズに合った効果的な資産を得る責任があります。

次に、対就活生という観点からは、採用者の人生を成功へとサポートする仕事です。人生を成功へとサポートしようと思ったら、学生のことを本当に理解すること、そして適性があるかどうかの解釈をする必要があります。本人の思考とタイプを判断し、マッチングを図る責任があるのです。

ところが、採用担当者には現場を知ったつもりになっている方がいらっしゃいます。現場に足を運び、その仕事の苦労や本当のやりがいを理解しているのとそうでないのとは、大きな違いがあります。

わかりやすい事例で説明すれば、飲食企業の採用でホールでのサービスをしたい方であっても、ときとしてバックヤード（キッチン）に入ることもあります。そして、ウォッシャー（皿洗い等）が続くと、人によっては手が洗剤で荒れてしまうことがあります。このような体質的な問題は解決しづらい問題かもしれません。

そのようなリスクを本人が理解して入社、または現場が受け入れる場合とそうでない場合では、精神的な違いがありますし、配属先が変わってきます。

これを、現場を知っている採用担当者であれば現場にきちんとヒアリングを行い、さまざまなリスクを確認します。しかし、現場を知らない採用担当者であればそういったことはせず、官僚的で形式的な採用を進めます。

人事の目標設定を各社それぞれ工夫していると思います。採用人数の目標をセットするのか？入退職者数の目標をセットするのか？　入社後6カ月間での新卒の成果でセットするのか？　それによって、人事が目指すところが変わります。

社長、採用がうまくいかないのを人事のせいにしていませんか？　人事の目標設定は社長がしてほしいと思います。

Point▼採用募集をする現場の仕事を知る

17. 採用担当者こそ最高の教育者であれ

就活となれば当然、給与水準も学生にとっての関心事です。しかし、実は学生というのは、お金について本当にはよく知りません。父親の年収がどの程度なのか、母親のほうはどのくらいなのか、あるいは自分のアルバイト先の店長の給与はいくらなのか、何も知らないのです。

学生にとって実感としてわかるのはアルバイト代です。これは時給、または日給です。自分が提供した時間に対する報酬という金銭感覚でしかありません。

就職して会社員になれば月給がもらえるという意識はもちろんありますが、社会保険料や税金などに関する知識は普通持ち得ていません。当然、入社2年目になると給与から天引きされる所得税額が増えるから手取りが減ることも知りません。

希望する年収についても、とくに基準はありません。「とにかく多くもらえればいいかな?」くらいの学生も多いです。仕事のアウトプット(成果)とインプット(報酬)は本来等価交換なはずです。多くの報酬を頂くとは、その分の成果が出せることが前提です。私は人事時代に、そういったお金についてのアドバイスを学生に伝えてきました。

いったい、自分が送りたい人生には、いつまでにどのくらいの資産が必要なのか？　最もお金がかかる家、そして子どもの教育費、車、独立を考える学生には立ち上げる会社や業種によって必要となる資本金はいくらぐらいなのか？　どこで、どんな大きさの家に住みたいのか？　子どもは私立に行くのか、公立に行くのか？　留学の有無は？

これらの回答次第で必要な資産は大きく異なってきます。学生の段階でそれを決めることなどできません。

私は、ソニーの事業部長クラスから飲食企業の一般職まで、幅広い会社、職種の方を中途採用の際に面接していたので、どこの企業でどんな立場かによっておおよその年収レンジを想像することができます。もちろんそれは伝えられませんが、「年収がいくらくらいあると、どんな生活水準になるのか？」は伝えられるレベルで学生に話します。

また、私は「言葉は現実化する」と信じています。「私は将来30代で年収を1000万円にする」と言葉にしなければ（目標がなければ）、年収1000万円は手に入りません。本当に高い成果を出せるようになりたいのであれば、1つの目標として年収の目標を設定するやり方もあります。

しかし、給与所得者のうち年収1000万円以上の人の割合は2013年のデータで約3・9%です（国税庁の平成25年民間給与実態統計調査より）。すると、入る業界で決まりますし、その中でも成果を上げ続ける必要があります。

このように、必要なときには、「どんな人生を送りたいのか？」と、学生のライフプランニングをすることもあります。最近の学生は、お金より働きがいだというデータもあります。

働いてお金をもらうというのがどういうことなのか、個人経営にたとえて学生に説明することもあります。

「コンサルティングのような原価が入らないビジネスをしていて、個人年商1000万円で、経費が月20万円、年間で240万円かかっていたら、税金と内部留保を考えれば給与は取れていいところ年収300万円。地道に商売を続けていれば、細々とでも確実に貯金はできるよね。でも、その程度だと将来住宅ローンを借りようと思っても個人事業主の場合、借り入れの希望額が銀行の審査に通らないこともあるからね。

サラリーマンの場合はビジネスモデルにもよるけれど、一般的にもらっている額面の4倍は1人で売上を上げないと会社が回りません。稼ぐって大変よね」

当たり前のように「給与が」「昇給が」という話をする学生もいますが、このように働くことと給与をもらうということのリアルを伝えます。

「結局は会社に対して貢献・成果を出さない限り、本来お金はもらえないはずです。さあ、最大成果を出せる大人になろう！」

アドバイスをしてきた多くの学生が、「そんな話はどこの企業の人事もしてくれない」と言っていましたが、こんな話を採用プロセス中や内定期間中に日本中の人事ができたとすると、日本はもっと良い国になると思います。

就活・採用という局面で対面している「大人と学生」なのですから、給与の話を軸に、会話がライフプランや人生論に至ってもいいのではないでしょうか。

私たち社会人は人生の後輩である学生に対して、貢献すべきですし、たくさんの学生に出会う人事は自社の採用として学生に◯か×を出すだけではなく、教育者でもあってほしい。私は、そう思っています。

Point▶教育者の立場からアドバイスするように心がける

Column.1 ▼ 事実と解釈

私は現在、世界中で行われているトライアスロンの鉄人レースであるironman《アイアンマン》レース（水泳3・8キロ、バイク〈自転車〉180キロ、マラソン42・195キロ）に3年連続チャレンジし、3年連続完走（ベストタイムは13時間35分）しています。日常生活でも時間を作っては、常に街を走り、バイクに乗り、ジムで筋トレに励んでいます。

トライアスロンの中でも、マラソンは飽きがきてしんどい競技です。私はその辛い競技を、「事実」と「解釈」の違いで克服しています。

例えば、目の前に氷の入ったお茶があったとして、それが冷たいというのは「事実」なのか？氷が入っているのだから「事実」と捉えたいところですが、私はこれを「解釈」と捉えます。

「事実」とは、誰がどう見ても変わらないこと。それ以外は「解釈」であるという捉え方です。冷たいと感じる感覚には個人差があります。私が目の前のお茶を、キンキンに冷されたお茶であると期待して飲んだが、それほど冷たくはなかったとします。冷たくないという感覚が起きた時点で、「事実」ではなく、「解釈」になるわけです。

世の中のコミュニケーションのほとんどは、解釈まみれのコミュニケーションです。それゆえ解釈によって人間関係が構築されたり、逆に崩れていくということが生じます。

2015年、アメリカのボルダーで開催されたironmanレースに初めて参加していたときのことです。3・8キロを泳ぎ、バイク180キロを走り終わり、後は走るだけと足を地面に着けたときに、左の小指の付け根部分に激痛が走りました。

そのとき、私の頭の中に浮かんできたのは、「あっこれヤバイな。絶対に骨が折れている。この後のフルマラソンは無理だ。走れない。痛い。辛い。なんて言えばみんな納得してくれるだろうか?」、こんな言葉ばかりでした。本当にやめる言い訳ばかりです。

そこで、「あ、これは『解釈』だから変えられる。異なる解釈をしよう」と思い、「痛くない!」と自分に言い聞かせました。しかし、「事実（帰国後知ることになる）」は骨折という診断でした。骨が折れているのですから、「痛くない」という解釈が容易にできるような痛みではありませんでした。

そのとき、日本IBMのアメフト部時代のヘッドコーチであるデイビッド・スタント氏が言っていた口癖、「礒谷、ソレ、タダ痛イダケデシュヨネ」を思い出し、「ただ痛いだけ」という「解釈」に変え、5時間痛みに耐えて、完走したのです。ゴールしたときには自然と目に涙が溢れていました。

この「事実」と「解釈」という考え方は、就活生との面接の際にも生きてきます。志望動機や自分の長所など、学生たちの語る話はすべて、彼らが自分で作り出したストーリー、つまり「解釈」です。その奥にある「事実」を聞くための質問を作り出すことができます。

本文中でも取り上げていますが、例えば「私の強みは誰とでも親しくなれることです」とアピールする就活生がいたら、それがその就活生の「解釈」に基づくストーリーなのか、「事実」なのかという問題意識を、自分の中に打ち立てます。疑問を持てば、そのアピールが「事実」なのか「解釈」なのかをFacebookの友達の数などで把握することが可能です。

第2章

史上最高の採用チーム創り

18. 採用チームメンバーを見直そう！

経営者に採用に関する課題をヒアリングしていると、こんな問題を見つけたときに社長はハッとすることがあります。それは「うちの会社、採用チームがたいしてすごくない」です。

毎年定期的に5人以上を採用している企業なら、採用の担当者を置きましょう。5人の質にこだわりたいというなら、なおさらです。

3人以下なら採用チームは不要です。外部の人材エージェントを利用したほうがコスト上も労力的にも効率的だからです。

例えば、株式会社リアステージ（株式会社リアホールディングス・白倉貴之社長）のサービス、ジョブ コミットでは、学生と本気の面談をテーマに学生の無限の可能性をカタチにするためのサポートをしています。エージェントのみなさまは学生を本気で幸せにしたいと、学生が当たり前に考える就職の当たり前を変える教育をしてくれるので、中小ベンチャー企業からすると、こうした人材エージェントの活用は大変効果的です。

人材エージェントでは、成功報酬で1人当たり60万～80万円です（理系なら60万～100万円）。3人なら200万円前後のコストで済みます。

一方、リクナビのようなサイトを利用するとイニシャルコストで60万～500万円はかかります。もちろん、始まってみないと応募者が何人来るかはわかりませんし、合同広告集客ツールなので、掲載社数が多ければ自社の広告は埋もれます。

中小企業には、ときに社長自ら人財探しの先頭に立つ採用好きな経営者もいます。それもいいのですが、社長が採用に労力を割いている間に業務や決裁が滞ってはマイナスなので、中長期的に考えても、採用チームを創ることをおすすめします。

Point▼採用人数が3人以下なら外部の人材エージェントのみでOK

19. 採用チームに1人でいいから新人を入れよう

採用チームの要不要は前項で述べたとおり。では、史上最高の採用チームを創るには、どうしたらいいか。

多くの企業が「採用は重要だ」「うちは人財獲得の面で改善が必要だ」と言いつつ、社内人事では採用部門に優秀な人財を抜擢することを優先している会社は少ないように感じます。エース的存在など優秀な人財は、どうしても事業部門に振り分けることになります。

しかし、**事業の展開や会社の将来を考えれば、優れた新人を獲得することが大切なのは言うまでもないでしょう。その採用を担当するチームこそが社の命運を握っていると言っても過言ではありません。**

例えば、大手ですが、とくに採用に力を入れているリクルートグループなどは、新入社員で採用部門に配属されることはエリートコースとみなされているほどです。


採用チームに新人を入れたほうがいい理由は2つあります。採用はビジネスを学ぶ恰好の場であることと、学生に関する最新の情報や心情は年齢が近いほどよくわかるからです。

まず前者。実は、私も人事・採用の仕事で成長してきたという自負があります。採用という仕事は、ビジネスを学べる絶好の場です。

1シーズンどんな戦略を立てるのか？　会社説明会に、より多くの学生を集客するには何にいくら投資すべきか、その結果、何人集められたか、その場で自社を効果的にアピール、プロモーションするには何が大切か……。こういったことはビジネスに不可欠の思考ですし、その〝セールストーク〟によって、自社という〝商品〟の〝購入〟（入社）に導くわけです。

一方、就活生は採用担当者にとっては自社が仕入れるべき〝商品〟であり、品質の見極めが必要になってきます。

採用というのはビジネスを学ぶフレームワークそのものなのです。私自身、ビジネスを学んだ基本は、（一部上場企業での人事部長職等での）採用が軸になっています。

次に、学生に年齢が近い点。年齢が大きく異なれば職業観や人生観など基本的な考え方にもだいぶ世代差が出ます。

さらに、最も大きいのはデジタル情報機器類に対する感覚と使用法の違いです。別の項でも触れますが、現代のＩＴ社会、ＳＮＳの世では、年齢が10歳、20歳と離れていると、その利用の仕方もかなり異なっています。就活に利用されている各種サイトやＳＮＳの多様化など、現役の就活生に近い社員の持っている情報や経験、感覚は生かしたいですね。

一般に、人事はオジサンがやっているというイメージがありますが、最近はリクルートグループに限らず、若くて、熱量のある方がやるものとなりつつあります。とくに、曽山哲人氏（取締役・人事管轄）が率いるサイバーエージェントなど、ＩＴベンチャー企業を中心にその傾向が強まっています。

Point▼新人・若手社員を含めた採用チームを創る

20．採用チームは野球チームと同じように役割分担がある

採用こそ企業にとって重要業務なのですが、採用チームをどう構成するかについては心得ておくべきポイントがあります。

それは、採用チームにも野球やアメフト、サッカー同様、各人のポジションがあるということです。

①プランナー
②インパクター
③セットアッパー

図3◎5つのポジションの全体像

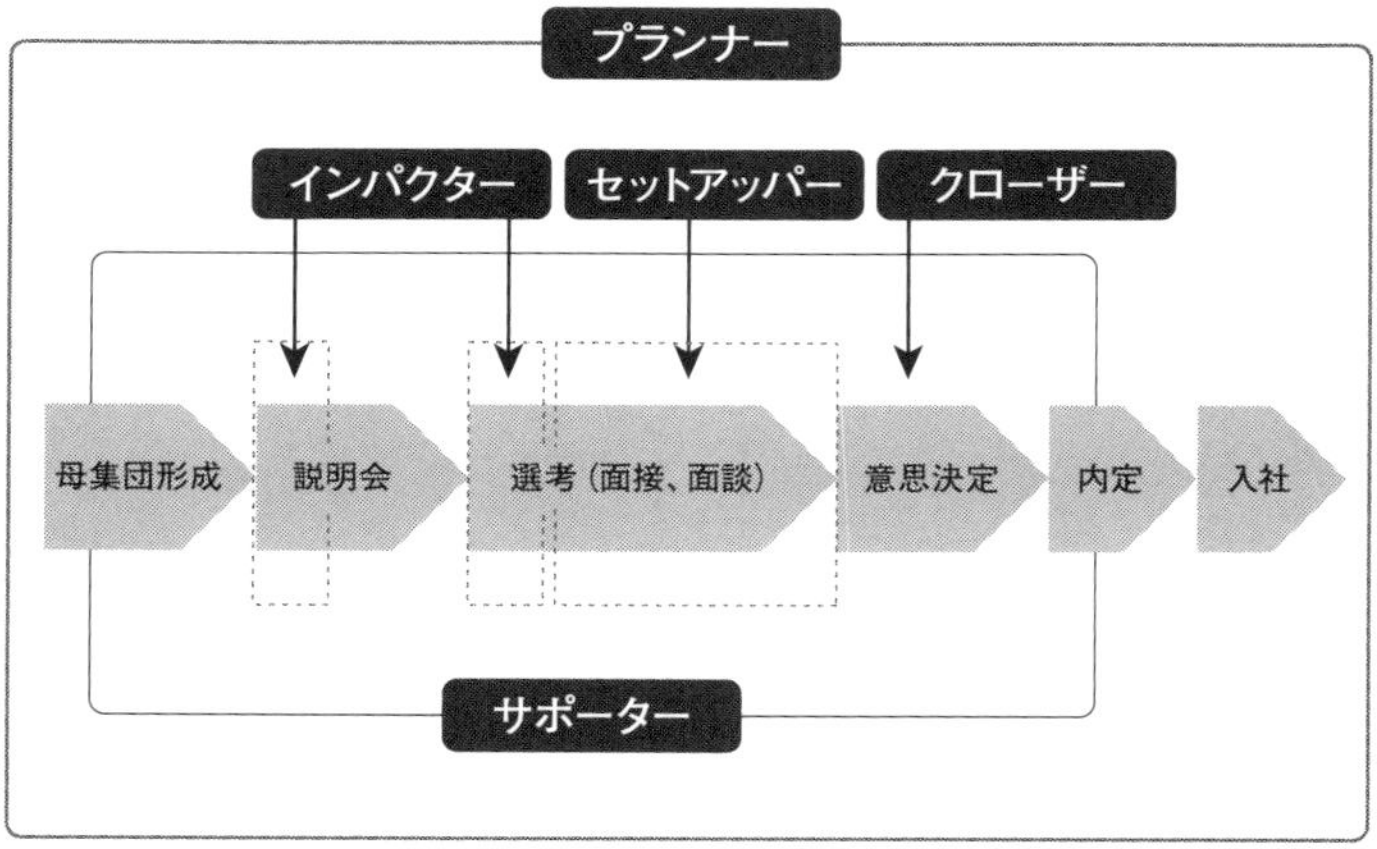

④クローザー

⑤サポーター

図3に、採用活動における5つのポジションの全体像を示しました。各ポジションには、それぞれの役割と、心得てほしい点があります。

まず、既に人事部があるような会社であれば、そのメンバーの中から5つのポジションに最適な人を人事部長が選んで役割を任命しましょう。人事部長がフォーメーションを作るのです。人事部や採用担当者が決まっていない会社であれば、全社員の中から5つのポジションに最適な人を社長が選んで、採用チームメンバーに任命します。

それぞれのポジションにはどういう人がい

いのか、どういう役割が求められているのかは、この後の各項目で詳しく説明していきます。できる限り、そのポジションに適任の人を選びましょう。もし人数の問題などでうまく適任の人を選出できないときには、それぞれのポジションの役割を果たすために、今いる社員を育成・開発することは可能です。任命されたポジションが務まるように、繰り返し訓練していきましょう（これも詳細は各項目で説明します）。

5つのポジションに1人ずつ、最低5人が採用チームのメンバーとなります。採用する人数が5人以上であれば、仕事量がかなり増えるので、各ポジションに1人ずつ配置したほうがいいでしょう。もちろん、兼務であってもかまいません。このとき必ず新人、若手社員を入れることを忘れないように。事業部の人も各事業部から1人は、準メンバーとしてオブザーバー的に参加してもらいましょう。

「うちの社内にそんな人員はない！」という社長、ご安心ください。そんな場合は、人材会社をチームメンバーに入れることも考えてください。例えば、株式会社ネオキャリア（西澤亮一社長）のように、採用コンサルティングから応募者管理のアウトソーシングまで行う会社もあります。

採用チームメンバーを5つのポジションに分けたら、対就活生において各人がその役割を果たしながら、協力し合って採用活動を行います。説明会の開催、複数回にわたる面接、個別面談など、就活生と直接関わるときには任命されたポジションの役割に徹しましょう。

社内レベルでの準備段階（履歴書を読む、面接時の質問を考える、説明会の内容を決めるなど）においては、役割に関係なく効果的・効率的に仕事を割り振り、チームワークを発揮してほしいと思います。

5つのポジションなど採用チームについて説明しましたが、ここに記したチームはあくまで私が考える理想の採用チームの一例です。必ずこうあるべきと強制するものではありません。ですから、ポジションの人数などは流動的であってかまいません。

大切なことは、社長や事業部を含め、全社一丸となって「わが社における史上最高の採用チームとは？」を考えることです。組織を見直す観点からも、その会社に合ったベストな採用チーム創りをしていってほしいと思います。

Point▼採用チームは5つのポジションに分ける

21. プランナー：採用プロジェクト成功のためのHRBPを社内に

プランナーは採用計画の全体像を描き、採用プロジェクトを成功に導くポジションです。野球で言えばGMであり、監督です。このポジションは肝です。経営にとって重要な事業戦略の中には人事戦略があります。そこには採用計画が含まれています。よって、事業計画の理解がないまま、採用のみ進めると危険です。

プランナーというポジションは、まさに経営にとっての人財に強みを持ったビジネスパートナーです。昨今、ＨＲＢＰ（Human Resource Business Partner）という言葉も出回っているほどです。ＨＲＢＰとは、簡単に言いますと、経営のビジネスパートナーとして、人や組織の側面から事業成長に導くプロフェッショナルです。

社内にＨＲＢＰがいると、人事戦略に強くなります。それができる人財は、大抵会社で重宝されて良いポジションにいるか、人事コンサル会社側にいるので、中途マーケットでもなかなか出てこない人財です。

社員数が数百人以上になったり、他事業展開していくと事業部間での異文化問題やコミュニケーションエラーが出てきます。また、人事部と事業部の間で溝ができてくることもあります。そうなると、新卒採用といっても社内の中で合意されていないコミュニケーションが先行し、採用や育成などが空回りになります。私も、事業部が人事部のせいにしたり、人事部が事業部のせいにしたりする会社を山ほど見てきました。

また、このプランナーにありがちなのは、採用プランを作ったり、歩留まり数の数値管理をしてばかりで、事業部側、そして採用現場のサポートをしないタイプの方です。人事という職種から上司の言うことに対してイエスマンとなり、採用で動いている部下をマネジメント（管理）する中間管理職化します。事業戦略の絵は描けるが実行できない。これは極めて生産性を落とします。

これを機に、「史上最高の採用チーム創り」という観点から組織を見直してみたらいかがでしょうか？

Point▼プランナーは事業計画を理解したうえで採用活動を進める

22. インパクター：会社に興味を持ってもらうインパクトを与える人

インパクターとは、一度会っただけで、相手に強い印象（インパクト）を残す人。採用においては、「この人がいるから、この会社に興味がある」と思わせることができる人のことです。野球にたとえると、ゲームを作る先発ピッチャーです。

学生がその会社のことを初めに知るきっかけとなる人であり、学生の目に魅力あるビジネスパーソンと映る採用担当者。このインパクターとしての要素は、心がけ次第で開発可能で、意図して自ら磨くことができます。

基本的には、一見して、「この人、仕事できそうだな」と思わせる雰囲気です。具体的には、ルックス、喋り方、話の内容で大きく印象が変わります。ルックスでは、身につけている服や髪型、バッグや時計、財布などの持ち物に気を遣うことが大切です。相手に与える第一印象は、人を見る場合の判断材料となるからです。

例えば、センスが良い白やブルーのシャツに品の良いネイビーのスーツと、それらにマッチしたネクタイ、ポケットにチーフ。今の流行りで言えば、髪型はツーブロックで横から髪を流す。短髪でおでこを出すのが基本で、清潔感と精悍《せいかん》さの感じられるスタイル。眼鏡1つでも雰囲気は変わります。街中でこういう人を見かけたら、「この人、仕事ができて、バリバリ稼いでいそう」と感じるような人です。

採用する側が就活生を品定めしているように、学生も担当者を「こういう人が働いている会社なのか」と、見ていることを忘れないように。

もし自分の体つきが細すぎて周囲から頼りなさげと思われるのではと感じたら、筋トレに精を出すのもいいでしょう。ベンチプレスで胸板、ダンベルローイングで背中、スクワットでお尻と3点鍛えれば完璧です。それも自分自身をインパクターへと開発する方法の1つです。

話し方は、声の大小やトーン、話すスピード等を意識すること。私自身はボイス・トレーニングも受けていますが、場所や場面で意図的に声の出し方を使い分けています。弊社には元アナウンサーのメンバーがおり、スピーチのコーチングも行っていますが、重要なことは話す場の理解と効果的な場作りです。

静かに落ち着いた調子で話すときもあれば、大声でエネルギッシュにアピールする場面も。広い場所で遠くの人にまで声を届けたい場合は、大きく肺で息を吸ってから声を放物線のように出す必要があります。合同会社説明会の会場の作り方次第で、声の出し方、喋り方も異なってきます。

ときとして、自分に自信が持てないという方もいらっしゃいます。そんなときはある一定期間、1つのことをやり切ることを提案します。

私の同期のコーチで、毎朝1時間早く起きて走ることを1年間やり通したことによって、自信がつき、迫力を手に入れたコーチがいます。年下の同期ですが、そうやって自己成長をする姿を尊敬しています。

自信を持ったインパクターとなるために、何かをやり通してみるといいでしょう。「私も何か取り入れよう」と思ったあなたは、何をやり通してみますか?

Point▼インパクターは会社の象徴的存在である

23. セットアッパー：学生の本音を聞き出し寄り添う人

セットアッパーは、インパクターと違う人がやることに意味があります。野球でたとえると、セットアッパーはいわば中継ぎです。

野球では、どのような理由で中継ぎを出すのでしょうか？

先発投手が5、6回まで投げて、疲れが出たりピンチを招いたときに、新たな戦力を投入して目先を変え、試合を有利に導くためです。役割が勝ちパターンの継投であることは、ご存じのとおり。

採用でも、先発が投げ切るより、違う人が出てきたほうが効果的なこともあります。内定者が、1人の担当者としかつながっていないと、内定辞退が起きやすい傾向があります。

それを防ぐために、別のタイプの担当者をセットアッパーとして用意して、内定者への寄り添い方の質を役割分担するのです。

例えば、私がインパクター（つまり先発投手）の場合。私は学生にかなりエネルギッシュにぶつかりにいって、厳しいことも言います。もちろん、根っこの部分では、「君のことを愛しているからこそだよ」という会話もしつつです。しかし、採用チームの全員がこのタイプだと、学生にとってはかなりしんどいと感じることもあります。

そこで、セットアッパーとなる中継ぎは、インパクターのタイプと意図的に変えていきます。例えば、この場合、女性の聞き上手な方をアサインすると効果的になります。学生の感情に寄り添うのが得意なタイプ。「礒谷（私）には、ちょっと言いづらいこともあるでしょう」「彼と違って私はソフトなタイプだから逆に何でも聞いて！」と、私だと聞き出せないような本音を引き出す役割。つまりチームプレーです。

これは性別で置き換えてもいいでしょう。インパクターが男性だったら、セットアッパーは女性にしたり、あるいはその逆も。性別以外にも、論理型から情緒型へでもいいでしょう。

飲食業界の店長クラスとしてアルバイトをしてきた就活生には、エネルギッシュで人に愛がある明るいタイプが目立ちます。スタッフをマネジメントしてきた経験からです。そういう学生には、同じような元気型の担当者のほうが相性が良い傾向があります。

一方で、理系研究畑の学生など、ロジカリストタイプの学生の場合は、元気型の担当者では口説けないことがあります。「この人、論点が違うなぁ」と思われることもあるのです。

私が人事部長時代、選考プロセス中にロジカリストタイプの学生が、他社との間で迷ってしまい、このままいくと選考を辞退されてしまいそうなときは、部下からすぐに私につなぐという方法を取っていました。このようなチームワークで問題解決は可能です。

なお、**自分の特徴がどちらかであったとしても、苦手なタイプの学生を口説く技術を開発することは可能です。**多くの人事担当者が、「私はこういうタイプだから、こういう学生のほうが得意で、こういう学生は苦手」ということがあると思います。しかし、どちらのタイプでも開発することが可能です。むしろ、一番問題なのは、「すべての学生を口説くことができます」という成長が止まってしまった方かもしれませんね。

いずれにしろセットアッパーに大切なのは、学生が本音を漏らしたくなるような相性。そして、相手にとって顔が見えた存在であること。それが「寄り添う」ことにつながります。

Point▶セットアッパーはインパクターとは対照的な人物である

24. クローザー：学生の最終意思決定のサポートをする人

クローザーといっても、最終面接官のことではありません。両者は分けて考えておきたいものです。

なぜなら、最後の決定を下す最終面接官が、その面接の時間内で、学生側が抱える就活における直下の現況すべてを聞き出すのは簡単ではないからです。つまり、その学生に関する他社の受験状況や経過、採用後に噴き出しそうな問題点やさまざまな事情などです。

学生の側からすると、最終面接官に対しては、どうしても「私の就活の合否、私の運命は、この人が握っている」と、バイアスのかかった思いを抱いてしまうもの。だから、基本的には本音での会話ができません。

そういう部分を、よりリラックスした雰囲気の中で、あらかじめ、できるだけ聞き出しておく。それがクローザーの役割です。複数社と競合状況になっている学生が、最後に意思決定するポイントは何なのか。学生自身も頭の中で十分に整理しきれていないような事柄を、会話の中から引き出すことです。

Point▼クローザーは学生の本音を聞き出せる人物である

25. サポーター：おもてなしのある応募者管理兼チームをサポートする人

サポーターとは、学生ではなく採用担当者の仕事をサポートしてくれる人のことです。仕事の中身は、面接日程の調整、個々の就活生とのメールやSNS、電話での応対、面接室の手配、備品や飲み物の用意、資料のプリント、データの整理など、それらの実務をこなしてくれる人です。

実は、サポーターはとても貴重な存在なのです。会社説明会でプレゼンするなど採用チームで中心的に動くインパクターらが、数多くの応募者を相手に何もかもを1人でこなすのは到底無理だからです。まずリクナビやマイナビ等のサイトを利用して募集をかけた場合、それだけでも、システム上、とても手の込んだ作業が必要となってきます。

また、明日の説明会に20人の予約が入っているとします。私が人事部時代には前日、その20人すべてに電話をしてもらっていました。

「エントリーありがとうございます。明日の説明会のご予約ありがとうございます。確認のために事前にご連絡させていただきました。ご都合はお変わりありませんか。お時間に問題はありませんか」と。

すると、学生のことなので、案外「行けません」「忘れていました」という答えが返ってくることも少なくありません。

他社の説明会と重なってしまい、そちらのほうが自分にとって優先順位の高い会社の場合、学生は来られない会社のほうにわざわざキャンセルの連絡などしてきません。こちらが電話してはじめて「すみません。実は他の予定とダブってしまったもので」と、殊勝《しゅしょう》な声で言ってきます。

こういう細かく煩雑な作業を担当者に代わってこなしてくれるのがサポーターです。

実は学生がキャンセルを申し出た場合、大切なのは、前記のやり取りの後です。「ああ、キャンセルですか、そうですか」で終わらせないことです。「どこの社と重なってしまったのでしょうか。弊社は次の説明会が○月○日にもあるのですが、ご都合はいかがですか」と話をつなぎ、新たなアポイントメントを獲得することが大事です。

実際の説明会の会場でも、どの学生がどの席に座ったかのメモを素早く作り、担当者が判断の材料にしやすい態勢を整えてくれれば助かります。例えばプレゼンしながら、「あの席の学生を優先的に口説きたい」などと感じたときに、チームで合意されたサインを名前に書き込んでいました。

過去すべての私の採用チームでは、このサポーター役の方が素晴らしく、説明会でプレゼンテーションをする前までに、どこの大学の誰がどこに座っているのか、私から見やすいように紙に書き込み渡してくれていました。これで生産性高く選考を進めることができます。

そもそも会社説明会の会場となる会議室を確保するのもサポーターの役割。会社の会議室というのは、人事部門の会社説明会のためだけにあるわけではなく、経営会議も開かれれば営業会議の場ともなります。採用担当者が会社説明会を実施しようと思っても、部屋がないというようなことは決して珍しいことではありません。

いち早く会議室を押さえ、会社説明会に支障をきたさないようにするのも、有能なサポーターの仕事です。

サポーターは仕事の内容としては秘書や営業事務に近いかもしれません。以上のような気配りあるサポートをできる人財が社内にいればいいのですが、中小企業の場合、人手不足もあって適任者が見つからないこともあるでしょう。

その場合は、派遣会社の利用も1つの方法です。この種の業務に精通した優秀な人財に私もおおいに助けられた経験があります。

採用担当者が学生1人ひとりの履歴書や選考結果データをチェックし、整理して面接用に準備しておくのは、とても大変な作業です。大事な個人情報を扱うので、神経も使います。

こういう部分をサポーターが担ってくれれば、担当者はその資料を基に、最終面接官（社長等）に説明をスムーズに行うことができるのです。

なお、派遣スタッフが必要な場合、各社の採用が始まるシーズン前の秋頃には、派遣会社へオーダーしておきましょう。経験豊富な採用サポーターは採用シーズンに入ると各社で奪い合いになります。

Point▼サポーターはこまやかな対応ができる人である

26. 中小企業の採用における社長の役割は？

採用チームにはさまざまなポジションが存在するということを、ここまで述べてきました。

では、その採用チームの中で、社長はどのポジションに就くべきなのか。インパクターなのか、セットアッパーなのか、クローザーなのか。

中小企業、とくにオーナー企業の場合、採用においても社長が前面に出てくる会社は多いでしょう。そのような会社における採用チーム創りでは、社長以外の人が社長のポジションを指定するのは難しいかもしれません。しかし、**本当に最強の採用チーム創りを目指すなら社長の適性も考慮すべきなのです。**

例えば、社長がインパクターとして機能するケース。

企業の社長が登場するテレビ番組がありますが、それには良い意味で「社長の顔が見える」というプラスの面があります。番組を見た学生に、「こんな会社に行きたいな」と思ってもらえる可能性があります。

社長をどのようにデザインするのか、ということは大切なのです。一般的には、社長が熱く語ることで、会社に関心を持ってもらうことになります。しかし、社長に熱く語らせなくても、会社に対して、好印象を持ってもらえる方法はいろいろあります。

例えば、説明会会場に、ふらっと社長に立ち寄ってもらうだけでも十分なのです。社長が急にふらっと顔を出すことで、社員との信頼関係を見せることもできます。「みんな就活生？　頑張ってね」と、学生にフランクにひと声掛けてもらえれば、社長の人柄も伝えられます。

もし気軽に話しかけられるタイプの社長であれば、採用担当者は説明会中でも意識的に社長と会話すべきです。そのことを通じて、学生に社長の人柄を見てもらえるからです。

逆に、学生に対しては、説明会に出席した会社では社員同士の会話をしっかり聞き、その場の雰囲気を見ておくようにと私は教えています。社長と社員、上司と部下、その会話ぶりがピリピリしているようなら、上下関係に厳しい会社だということが垣間見えるということになります。その会社の風通しの良し悪しがわかるのです。

しかも、社長が毎年前面に出て新卒採用をやっているということは、採用チームの成長の機会を奪っています。社長にしかできないもっと優先すべきことは山ほどあるかもしれません。社長が学生を口説くことを手放して、史上最高の採用チームを創ることを優先してみてはいかがですか？

Point▼社長は説明会に顔を出すぐらいがちょうどいい

27. 自社の中にいったい何人のリクルーターがいるのか？

リクルーターとは、私の定義では「自社の採用に関わり、採用人数にコミットしている人」とします。優秀な学生がいたら思わず声を掛けてしまう、そんなリクルーター・マインドを持っている人。部署に関係なく、採用チームのメンバーでなくても、そんなマインドを持つ優秀な社員で会社を溢れさせたいと思っていてほしいです。

野球で言えば、有望株を発掘しようと全国を飛び回るスカウトのような存在でしょう。例えば、たまたま入った飲み屋で意気投合し、優秀な学生だと判断した人物を自社に誘います。ただ、そのことばかりが仕事というわけではなく、たとえ飲み屋に行くにしても、常にリクルーターとしてのマインドを忘れない社員であることが大切です。

プルデンシャル生命保険は、全社的に強力な採用チームを擁していることで定評があり、保険業界経験者以外から人材をスカウトすることで知られていますが、前記のようなリクルーター・マインドを持ったプランナーの存在と無縁ではありません。

飲食業界やタクシー業界では、自分が良いサービスを受けた時点で現在の待遇などを聞き出して、より好条件の職場を紹介することも有効でしょう。マクドナルドでは、来店したお客様の中で笑顔が素敵な高校生に声掛けしています。

採用というのは、昔から、しばしば知り合いを通じて行われてきました。いわゆる縁故採用は、採用される側も採用する側も安心につながるもの。信頼できる自社員からの紹介採用は、現在ではリファラル採用と呼ばれています。

会社によっては、リファラル採用について1人の紹介（採用）につき10万円、またはそれ以上のボーナス・インセンティブ（成果報酬）を社員に出しているところもあります。

自社員の紹介ではなく人材紹介会社を利用した通常の採用の場合、新卒にしても中途採用にしても、1人につき100万円程度の経費がかかるもの。それが10万円で済むのですから割安です。外部の紹介会社に払うくらいなら、自社員に渡したほうが双方がハッピーとも考えられます。

ただし、リファラル採用で成果報酬を出す場合には、注意も必要です。今年は採用に力を入れるからと、例えば50万円など大きすぎる金額に設定してしまうのは禁物。以後、それ以下の額では動きが鈍るということにもなりがちだからです。成果報酬の支払いは、継続する覚悟が必要なのです。

また、同様に1〜3月をリファラル採用の社内キャンペーン期間などとする方法も避けましょう。対象外の期間の動きが低調になるからです。

いったい、御社には会社発展のために、自ら優秀な人を探し出す社員が何人いらっしゃいますか？　それほどに会社を愛する社員で溢れたら、なんとも素晴らしい最高の会社です。社長にとっても、社員にとってもかけがえのない一生の宝物ですね。

Point▶全社員がリクルーター・マインドを持つような仕組みを作る

Column.2 ▼ アメフトとトライアスロンとビジネスと　その1

ここで私の個人的生活も紹介しておきます。なぜなら、それが私の採用に対する考え方、採用担当者の在り方に関する思いと密接につながっているからです。いや、採用に限らず、仕事というもの全体に対する姿勢と不可分だからです。

私は江戸川学園取手高校からアメリカンフットボールを始め、立命館大学時代にはアメリカンフットボール部（愛称：ＰＡＮＴＨＥＲＳ）のキャプテンとして、大学史上初の社会人を倒して日本一となりました。

アメフトで日本一になったのは、大学の４回生だった２００２年のことです。まず、所属する関西学生リーグで後塵を拝し続けていた関西学院大学を破りリーグ優勝。次いで、関東学生リーグの覇者・早稲田大学との全日本大学選手権（甲子園ボウル）も制して大学日本一に。

さらに、社会人チャンピオンの当時のリクルートシーガルズ（現オービックシーガルズ）と大学チャンピオンとが対決する試合（ライスボウル）にも勝ち、立命館史上初の日本一の座を手にしました。

私には、キャプテンとしてチームをこの優勝に導いたという自負があります。そして、卒業後に就職した日本ＩＢＭでもアメフト部のキャプテンを務めました。

アメフトというスポーツは、フィールドに立つ選手はもちろん、非常に多くのスタッフが関わらないと成り立たないものです。機能別に組織化された大所帯で成果を発揮する必要があり、ビジネスに通じるものがあります。

ポジションも、オフェンス11人とディフェンス11人、キッキング11人という明確に分かれた形で1チームが構成され、さらにオフェンスならライン、レシーバー、クォーターバック、ランニングバック、ディフェンスならディフェンスライン、ラインバッカー、ディフェンスバックがあって役割が専門的に特化しています。当時の立命館パンサーズではA、B、C、Dと4チームに分かれていて、毎日入れ替わりのある厳しさでした。

選手の中にはキャプテン、バイスキャプテン、各ポジションリーダーがいます。レギュラーチームはもちろん、対戦相手のプレーになりきるスカウトチームもあります。コーチ陣はヘッドコーチがいて、プレイコールを決めるコーディネーター、ポジションごとのコーチがいます。

それに、バックオフィスをマネジメントするマネージャーの主務がいて、金銭や用具類の管理や試合運営、広報活動など総務機能を担うマネージャー部隊、データを収集・分析するアナライジングスタッフ、けがのケアをするメディカルトレーナーとフィジカル強化を担当するストレングストレーナー……等々、総勢160人程度の大組織です。

それに、大学の学長をはじめ、スポーツ強化センターや学校関係者、チームドクター、鍼灸の先生、OB会、後援会、応援団、チアリーダー、ファンのみなさまなどたくさんの方々に支えられてチームが成り立っています。

第3章

私たちの未来を創る最高の母集団形成とは?

28. 1つの方法にこだわらないこと、就活生の気持ちを理解すること

新入社員を獲得するための第一歩が母集団の形成です。

自社が発信した新卒採用情報の第一段階で反応してきた就活生の群、つまりリクナビ、マイナビ等の就活サイトや合同会社説明会にエントリーしてきた学生たち。あるいは、さまざまなルートで直接集めた就活生。

それらの中から、個別説明会や何次かにわたる面接、内定、内定辞退など、企業側からの切り捨てと、学生側の逃走とを経て、最終的に採用数が決まる過程のスタートラインです。

そのスタートラインに、いかに優秀で効果的な人数の就活生を集めるか。それが母集団の形成です。就活生がエントリーする企業数は、近年では1人平均45社。各企業は、まずその45社の中に選ばれるように採用活動を開始することになります。

その母集団形成には、空中戦と地上戦があります。空中戦というのはウェブを利用した集客

(就活生集め)のこと。ツールとしてのリクナビやマイナビの利用です。

ところが、このIT時代にあっても、中小企業の経営者で、事業を子どもの代に譲ろうと考えているような年齢の社長だと、求人紙といえば日本経済新聞で、いまだにハローワーク頼りという人も少なくありません。

しかし、今や単なる空中戦どころかSEO対策(検索エンジン最適化)さえ行われる時代。就活生が検索した場合に自社へのヒット率が上がるようにと、検索結果ページの上位に自社が表示されるよう工夫が行われる時代なのです。

一方の地上戦は、フェイス・トゥ・フェイスでの集客です。

いずれにしろ、**母集団の形成とは採用したい就活生との接点を持つこと。欲しい人(=採用したい人)にアプローチしていくことです。そのためには、さまざまな工夫がありえます。1つのツール、1本のルートだけに固執する必要はありません。**

そして、もう1つの大切なポイントは、就活生の動きを知ることです。そのためには採用担当のオジサンたちがいろいろ想定するよりも、就活生に直接聞くほうが確実で効率的だという発想を持つことです。

他の項でも述べていることですが、昨年入社したばかりの新人を採用担当にしたほうが、ウェブ戦略も含め、より就活生に寄り添えるということだってあるのです。

学生が使う流行りのアプリを知らないと採用の流行から置いていかれてしまいます。例えば、2017年に流行したのはSNOWという動画メッセージアプリ。ほとんどの学生が使っています。

現代の採用担当者なら、Twitter、Instagram、LINE、Facebookくらいは、当然こなしておかなければなりません。就活生である彼らの生活リズムやコミュニケーション、彼らが持っている言語というものに触れることが必要なのです。

その意味でも、就活生の年齢に近い若い世代が採用担当者の中にいると助かります。学生よりせいぜい5歳上ぐらいまでの年齢の社員です。


母集団形成の大前提には、次のような認識も必要です。「働く」ことに対する考え方の時代的変化、世代的差異への認識です。そもそも育った時代によって経済環境が違うので、根本的に求めているものに違いがあります。

バブル崩壊後の「経済の右肩上がりを知らない若者たち」は、「お金がすべて」ではなく「自家用車も高級時計もなくていい」世代。高度成長期、バブル世代による「わが社に入れば10年後には給料がこんなに上がるんだぞ」と、昇給や役員になったときの給与で学生を惹きつけようとすると、失敗に終わるケースがあります。

また、ついつい口にしてしまう、「今どきの若者は……」という言葉。この言葉が頭に思い浮かんだら、そのストーリーを手放し、若者たちを理解することに努めましょう。

通常の道だけにこだわらないこと、当事者である就活生の気持ちを理解すること。これらのポイントを忘れなければ、そこからさまざまな工夫が生まれるでしょう。

Point▶常に就活生の気持ちに立って採用活動を考える

29. 母集団形成はチャレンジの意図を持て!

合同会社説明会などの採用イベントで、日本のトップ層、つまり東大、京大、東工大、早慶クラスの学生しか来ないような催しに仮に中小企業が出陣したとしても、まず成果は得られません。厳しい戦いになります。

そうなると多くの場合、「あのイベントに出ても、どうせ採れない」と考え、以後のチャレンジを捨ててしまいます。毎年のように高スペックの就活生採りに挑むことは、投資対効果のうえからもマイナスだと結論を出し、参加をやめる方向にいってしまいます。


しかし、そうではないストーリーも描くことができます。母集団形成にどんな意図を持って臨んだかによって、答えは違ってきます。もしその中小企業が、人事・採用担当者の成長、負けない採用チームの育成ということまで意図してそのイベントに参加したなら、素晴らしい成果が手に入る可能性もあるのです。

不利な条件のもと、他社とバッティングしようが担当者が最大限の努力、あらゆる工夫をしてみることが、その後の同社にプラスとなるかもしれません。1人も採れなくても、意味はあったと言えるかもしれません。「私たちは最高の人事になるぞ」と意図を持って事を進めれば、獲得人数の多寡以外の何か素晴らしいものを手にすることができるかもしれません。

母集団形成の一番初めにチャレンジの意図があるかないかで、参加することへの評価は大きく異なるのです。意図があることによってはじめて、ＰＤＣＡサイクルも回せます。

そもそも中小企業の経営者の中には、東大や京大、早慶の就活生に会ったことさえないという人が少なくありません。知人の子息の中には1人、2人いても、採用ターゲットとして意図して接触する機会は、まずありません。

トップ層の学生が来場する就活イベントに参加することで、自分たちが優秀だと考え入社してほしいと願っている学生がどんなものか、実際に見てみることだけでも意味はあるでしょう。

中小企業の技術系社長に、「母集団形成を、どう考えていますか」と尋ねたことがあります。答えは「何？　それ」でした。母集団形成という言葉自体を知らない経営者も少なくないのです。求人媒体や合同会社説明会からアクセスしてくる学生としか接触していないケースがほとんどでしょう。

まずは、「大きく広げた網の中から採用すべき人物を選んでいく」というのもオーソドックスな勝ちパターンです。

Point▼入社してほしい学生に会いに行くことから始める

30. 合同会社説明会のブースは人気企業の横に位置取りする

人気のある業界であれば、会社説明会など就活イベントの集客にもそれほど苦労はありません。しかし、人気のない業界、例えばパチンコ業界は大変です。飲食業界の中にも苦労している企業は少なくありません。

そういう業界が集客しようと思ったら、異なる業界とのコラボという手があります。1つは、合同会社説明会の会場で、人気大企業の近くにブースを確保すること。もう1つは、他の業界と共同で何か就活イベントを行うことです。

まず前者ですが、**ブースの位置取りは、自分に都合良く決めてもらうのは簡単ではありません。しかし、それも「井の中の蛙」になっている人の思い込みです。合同会社説明会のサービス提供会社との交渉次第では、都合の良いブースの位置取りは可能なこともあります。**

私はJTBやJALといった人気大企業の横にブースを設けてもらったこともありました。それら大手の説明会には、ネームバリューで多くの学生が集まりブースから人が溢れますが、会場の雰囲気は静かです。担当者のプレゼンも、「私たちの企業理念について」とか「創業〇〇年の歴史があり」といった一般的な普通の説明なので、集まった学生はただメモを取っているのみです。面白くて笑っている学生はあまり見ません。

そのすぐ横で、こちらは軽妙なお喋りで笑いを誘うプレゼンに精を出します。すると、こちらが気になる学生もチラホラ出てきますので、「次、こちらにね」と目で合図を送り、呼び込むのです。

これは、私がパチンコ業界で採用を担当していた時代に絞り出した知恵です。パチンコ業界は、決して学生から見て人気業界ではなく、わざわざ新卒で選ぶ学生は多くありません。ブースに座るどころか立ち入ろうともしません。そこで前述のような位置取りを行い、プレゼンにも磨きをかけたのです。採用担当者には、こうしたちょっとした発想が必要です。

次に後者の例。こちらは飲食業界での話です。

飲食企業には、飲食店という自社のユニークな空間と料理、ドリンクがあり、現場のスタッフがいます。東証一部上場の飲食企業の人事部長時代に、他業界の会社に、「うちの店舗を使って合同就活懇親会をやりませんか？」と提案しました。先方の人事部長も素晴らしい方で、この企画に乗っていただけました。

就活生を互いに5人ずつ集めて、飲食費用は両社折半。その懇親会に、先方の人事部長が呼んだ早稲田大学の男子学生がいたのですが、結果的に私がその学生を採用することになりました。つまり、その学生については当社の母集団費用は0円です。しかも、営業には売上がつきます。このような方法もあるのです。

Point▼人気の企業・業界に近づくことで学生を集める

31. 店舗のある業態は、売上を上げる就活イベントを開く

私は東証一部上場の飲食企業の人事部長時代に、エントリー学生数を2年間で5倍以上に増やした経験があります。しかも、全社の年間採用コストを下げてです。以下は、なぜそんなことができたのか、そのヒントを書きます。

実施したのは、会社説明会を自社の店舗で、アイドルタイム（空き時間）を利用して行うようにしたことです。その企業の店舗の客単価は通常の居酒屋より少し高めに設定されており、普通なら学生が来られるようなレベルではありません。

そこで、説明会という理由で学生にお店に来てもらい、説明の中で自慢の商品の話をジャパネットたかたの髙田明前社長のようにPRするのです。学生は当然、「この機会に行ってみたい」という気持ちになるだろうと計算したわけです。

「どうすれば多くの就活生がお店を見てくれるのか？」が、その企業で採用を成功させるための戦略でした。それなら、イベントが就活生にとって役立つように設計すればいいのです。

飲食業でレストランであれば、店舗という空間が既にあります。しかも、飲食店の場合、アイドルタイムがあります。その時間帯を利用してイベントを開くことは可能です。売上につながらない時間の活用にもなります。

イベントで就活生が来てくれれば、学生にはおしゃれな店内や美味しそうなメニュー、魅力的なスタッフをアピールする機会となり、「このお店で働きたいな」という気持ちになってもらえるはず。「そんな就活イベントって何だろう？」と考えた結果です。

飲食業の強みを生かし、店舗という空間とイベントを掛け合わせて母集団の形成、学生集めに結びつけた事例です。次の項でもこうした事例について述べていきます。

他の業界・業態の企業でも、どのような導線を用意すれば学生たちが思わず行きたいと思うのか、さまざまな工夫の余地があるでしょう。


Point▼自社の店舗・空間を利用した就活イベントで学生を呼び込む

32. 前代未聞!? コスプレだらけのクリスマス就活、ハロウィン就活の実態

就活も楽しくやりたいのが、今どきの学生です（いや、本当は私がやりたかったのかもしれません）。

そんな就活生たちの心理を読むことも母集団の形成に役立ちます。私が実際に企画して実行したのが、ハロウィン就活とクリスマス就活でした。今でこそハロウィンの経済効果は約1345億円（一般社団法人日本記念日協会、2016年）ですが、当時はまだまだ先駆けでした。

しかし、会社説明会に集まってもらうことと、ハロウィン仮装やクリスマス行事とを兼ねるイベントを実施したのです。

ハロウィン就活では、スクリーム（ホラー映画に登場する悲鳴を上げるお面）を被るなど思い思いの仮装をした学生が集まりました。飲食会社だったので、自社の店舗を利用しての開催です。クリスマス就活では、東京では80人、大阪は60人くらいが集まりました。サンタの格好をした私を中心に、みんなでクリスマスの日を楽しむという趣旨ですが、学生の中にもサンタ姿のコスプレをした人が多数いました。

このように、説明会に学生を集客するにも、ときにはユニークなタッチで行ってみるのは価値があることです。もともと飲食業界に関心があった学生に限らず、幅広い層の学生に興味を持ってもらうことにもつながりました。

この企画のポイントは、とにかく楽しいひとときを過ごすと同時に、集まった就活生にとって有益な、ためになる情報を提供することです。自社の魅力はもちろん、学生の知りたい職場の裏話的ディテールや、さらには就活全般に役立ちそうな業界話やビジネス知識、進路選択の際に持つべき視点や忘れがちな注意点、社会人としてのアドバイス等です。

実はこのときのクリスマス就活イベントで、私は人事部長として8人を採用しました。この種のイベントの中でこそ見られる学生の〝素顔〟から、「この学生なら内定を出したい」と思える人財を見つけられたからです。

では、この種の就活イベントを企画したとして、集客のための告知はどうすればいいのか？イベントを告知して広めてもらうには、人脈豊富な学生を見つけて頼みます。友達が多いかどうかはＦａｃｅｂｏｏｋを見ればわかりますし、どんな学生団体に所属しているかも目安になります。体育会系の学生だとスケジュール的に自由に動きづらいので難しいのですが、大学横断型のインカレサークルに属している学生なら最適です。学生間の口コミこそ最も有効で重要なのです。

なにも大々的に告知サイトを立ち上げる必要などありません。その分の費用は不要です。人脈豊富な学生に、「僕の知り合いの人事関係者が面白い就活イベントをやるのだけど、来ない？」と広めてもらえばいいのです。その代わり、彼の就活は、私が全面的にサポートすることを約束します。

Point▶ユニークな就活イベントで学生の素顔を知る

33. SNSのフル活用で地方学生ともやり取りできる!

今どきの若者はスマホやタブレットなど端末を複数持っています。LINEやTwitterのIDやアカウントも複数。通信する相手によって使い分けているのです。そしてFacebookも駆使。

会話は電話ではなくLINE利用が大半です。メディア選択はユーザビリティの高さが基準なのです。端末やIDを複数持つことについても、上の世代が感じるような面倒だという感覚が若者にはありません。

地方企業の60代以上の経営者などと話していると、「そもそもスマホがわからんし、LINEなんて情報漏洩するから危ない」と頭から否定しますが、今や就活にはSNSが不可欠な時代。就活生とつながるのに、採用側もSNSを活用すべき社会となっているのです。採用担当者も40代以上になると自分の感覚で考えていては若者を理解できません。

例えば、地方や海外在住の就活生とも、Skypeで話したり、LINEでやり取り可能です。必ずしも会場を設置して直接会わなくてもいいのです。いずれ会うにしても事前の早い時期に、ある程度のコミュニケーションが取れます。

実際、私が採用した中にも、地方在住者でＳｋｙｐｅの利用で面接へとすぐに話が進んだ例があります。そうでなければ、間延びしている間に他社が採用を決めてしまった可能性もありました。ＬｉｎｋｅｄＩｎ（ビジネス特化型の交流サイト）を通じた就活も行われています。

また、学生と出会える安いサイトも最近増えています。例えば「ガクセン」（学生選抜＝ニューインデックスの津田武氏が運営）は、就活生が不特定多数の企業に向けて自己ＰＲしている動画を見られるサイトです。学生を十分に取材した内容となっていて、企業は登録料を払ってサイトの会員になるとその動画を見ることができ、直接メッセージを送ることが可能です。リクナビ等と比べると格安ですし、効率的です。

リクナビ等は学歴スペックなので、大学名→学部と手順を踏んで進まないと学生にたどり着けません。もちろん、そこにあるのは大学と名前のみ。

例えば、弊社のようなビジネスコーチの仕事であれば、自分自身が商品になるので、ぱっと見の表情である程度成果が出るかどうかがわかってしまいます。その点、ガクセン等は学生のＰＲ画像を直接見られますし、気に入ったらすぐに会うリクエストができます。

若者がＳＮＳを駆使している状況に対応して、採用担当者もＦａｃｅｂｏｏｋ等を活用すれば、有力な武器となるはず。その点を次の項目で述べていきましょう。

Point▶SNSは現代の採用活動に必須の武器である

34. 採用担当者はSNSでの自己ブランディングも大切

あなたは知らない方からどのように見られているでしょうか?

就活生とFacebookを通じて交流をする際に、採用したい学生に対して、こちらが一人前の大人、かっこ良い人物であるということがきちんと伝われば、「こんな人と一緒に働けるのか」ときっと思ってもらえるでしょう。採用担当者には、それが大事なのです。

私はＳＮＳ上で自分をオープンにしても、まったくストレスには思わない性質です。人事採用担当者の中には、プライベートと仕事は別にしたいという人も多いでしょうが、学生の側からすると、飛び込みやすいのはオープン・タイプでしょう。Ｆａｃｅｂｏｏｋを覗いてもらえば、私がどのような人々とつながっているかも一目瞭然です。

Ｆａｃｅｂｏｏｋでは、私のクライアントが人財募集している情報も掲載しています。それを見て応募してきた例もありました。お金をかけずに人が集まるわけです。そのコメントに、就活生の誰かが「いいね！」を押してくれれば、そこからさらに彼らがつながっている他の学生にも情報が拡散していくかもしれません。

これからの採用活動は、従来の常識に囚われない発想も大事になってくると思います。例えば、会社の採用専用のＦａｃｅｂｏｏｋを作ります。Ｆａｃｅｂｏｏｋはリーチ数も出ますし、1日最低100円から広告を出してプロモーションすることもできます。新聞広告を出すのに約100万円かかることを考えれば、とても効率的です。

学生にも、「自分のプライベートがバレちゃうSNSはやりたくない」という人はいます。そういう学生に対しては、「SNSを逆手にとって、自分をブランディングしてみたら」とアドバイスします。

Ｆａｃｅｂｏｏｋに限らず、会社のホームページでも工夫することはできます。実在の社員をキャラクター化し、ブログの中などで活躍してもらうのです。名前やデザインを決め、動画も作成して、日々の仕事ぶりや失敗談、上司との会話、褒められたり叱られたりをストーリーにして描く。学生に、親しみを持って職場のことを知ってもらうための工夫です。

実際、私は自社の部下の1人をキャラクター化し、本名をもじって『奮闘記』というテーマで活躍してもらっていました。次項では、その会社のホームページについて説明します。


Point▼会社の採用専用Facebookで効率的に母集団形成ができる

35. ホームページは会社の玄関

中小企業は対外的に情報を発信する機会が少ないので、ホームページ（HP）を作ってアピールすることは大切です。HPこそ、その会社の概要を知る玄関です。ところが採用を意識していないHPがいまだにあります。どんなHPだと、学生が思わず会社の話を聞きたくなるでしょうか？

HPはステークホルダー向けのコーポレートブランディング用のものが普通ですが、それとは別に、就活生向けの採用目的のＨＰがあってもいいと思います。目的が異なれば、当然、内容やスタイルも違ってきます。コーポレートブランディングなのか、リクルートブランディングなのかの違いです。

ＨＰが1つだけだとしても、採用に違いを作りたければ、少なくとも採用を意識したものにする必要があります。リクルートブランディングなら、就活生から見て魅力的な会社に映るのかどうかが大事です。

ありがちなパターンとして、「社長が言いたいことを言う」になってしまっているものを見かけます。デザインも、学生の目から見たら超かっこ悪いものであったり、内容の更新やテコ入れをしないまま、昔1回作ったままという古い感じが漂っているものもあります。

就活生にとって、会社の入口とは、本社建物の玄関ではありません。その入口は、ウェブ上にあるのです。ですから、ＨＰが学生から見たときに入りやすい店構えをしていなければダメなのです。

コーポレートブランディングのＨＰには自社商品が並んでいますが、会社そのものも、学生から選んでもらう商品の1つだと意識する必要があります。学生はお客様でもあるのです。

リクルートブランディングとしてのＨＰならば、学生にわかりやすい言葉、就活生に届く表現を用いることが大事です。

また、**中小企業の場合、「社長ブログ」という形で社長がさまざまな問題について意見表明している例もよく見受けます。社長が世相等を一刀両断していても、それが会社の戦略上、「イエス」ならばかまわないでしょう。しかし、学生を含め不特定多数の人が目にすることも忘れてはなりません。**今やSNSやFacebookでも、社長の名前を検索画面に入力すれば高確率で中身を読むことも可能な時代。だから言葉遣いにも注意が必要です。

Facebook上であっても、冗談ながら効果的でない言葉を発していると悪影響が出る恐れもあるでしょう。政治家のTwitterが炎上するというのに近いかもしれません。社長のページであろうと、公開の設定画面は必ず責任者がチェックしたほうがいいと、私は人事部門にアドバイスしています。

FacebookもInstagramも、基本的には学生がすべて見ていることを意識してやるべきです。多くの企業はその意識が低いと言わざるをえないでしょう。なお、上場企業や上場を目指している企業の場合、このあたりの監査に当たり前のように投資をしています。

Point▼就活生に響くリクルートブランディングのHPを作る

36. 1円もかけずに母集団は形成できる

母集団の形成には当然、経費がかかります。リクナビ、マイナビ等への登録など通常の形態で母集団形成を図る場合は、投資額を決めて戦略設計を練ることになります。

しかし、多くの場合、設計で見込んだだけの十分な集客は実現しません。目標値を上回る学生が集まって嬉しい誤算、というケースはまずないのです。計画値よりショートする可能性のほうが高いと想定しておく必要があります。会社説明会に1000人呼ぶつもりだったのが、実際には500人程度というのは、よくあること。

その場合、人事関係者の多くは、「こんなものだろう、仕方ない」と諦めています。本当はここからが人事の腕の見せどころなのですが、「追加投資は会社がダメだと言っている。予算が通りそうもない」などと、経営（社長）のせいにして、それ以上動くことをやめてしまうのです。

集客できないのは、媒体のせい？　それとも、会社のブランディングのせい？　いや、人事、あなたの問題です。問題の所在は解釈によってどこに置くかは変えられます。自分に問題を置

くと違う世界が見えてきます。追加投資がダメだというなら、1円もかけない方法を考えればいいのです。

どうすればいいのか？　知り合いの学生の中で友人が大勢いる1人に、「誰か、就活生を紹介して」とお願いしましょう。その学生は当然、紹介することで得られる自分のメリットを聞いてきます。

就活の相談を筆頭に、学生が聞きたいことはたくさんあります。その相談に、いかに親身になれるかで、人事担当者の人間力の豊かさが試されます。人事担当者は学生を巻き込むパワーを備えていることが大事なのです。

また、日頃から人脈を培っておくことも必要です。私は、なるべく多くの学生と仲良くなっておくために、ボランティアで就活イベントをしばしば催しています。

私が採用コンサルタントとして関わったある企業で、「内定者を呼び出して会合を開きましょう」と提案したところ、人事担当者が嫌がった例があります。理由は、「その会合にどんなメリットがあるか、学生に説明できないと彼らは来ないから」でした。それでも学生をいかに巻き込んでいくのかが、人事担当者の手腕なのですが。

内定者なら「イベントのコンテンツが面白いから行く」、それだけでいいのです。メリットの有無ではなく、行きたいエネルギーが働くかどうかです。学生を巻き込む会話力と人間力が、人事担当者には必要です。核となる学生と知り合った人事担当者がコミュニケーションを重ねて、いかにしっかりと関係性を構築していくかです。

また、人事担当者が学生から信頼を得るには社外の人脈の広さも大切です。例えば、出版業界に興味があるという学生に、「雑誌○○の副編集長なら知っているけれど、つないであげようか？」と、結果はともかく、その場で言えること。その人物について、より具体的な話ができれば、さらに尊敬や信頼は増すでしょう。それが大事なのです。

そのためにも会社の中だけでなく、異業種交流会など社外の集まりにも積極的に参加し、横のつながりを作ること。

あるいは、出身大学のＯＢ、ＯＧをつなげるサイトに登録して、現役学生たちの悩みを聞いてあげる活動だってできます。それは同時に、こちらが今どきの学生たちの考えていることを知ることにもつながります。そういう行動も人事担当者の仕事だと言えるでしょう。

「６人の法則」と呼ばれるものがあります。自分が出会いたい人に近しい知人Ａさんに誰か紹

図4●「6人の法則」のイメージ図

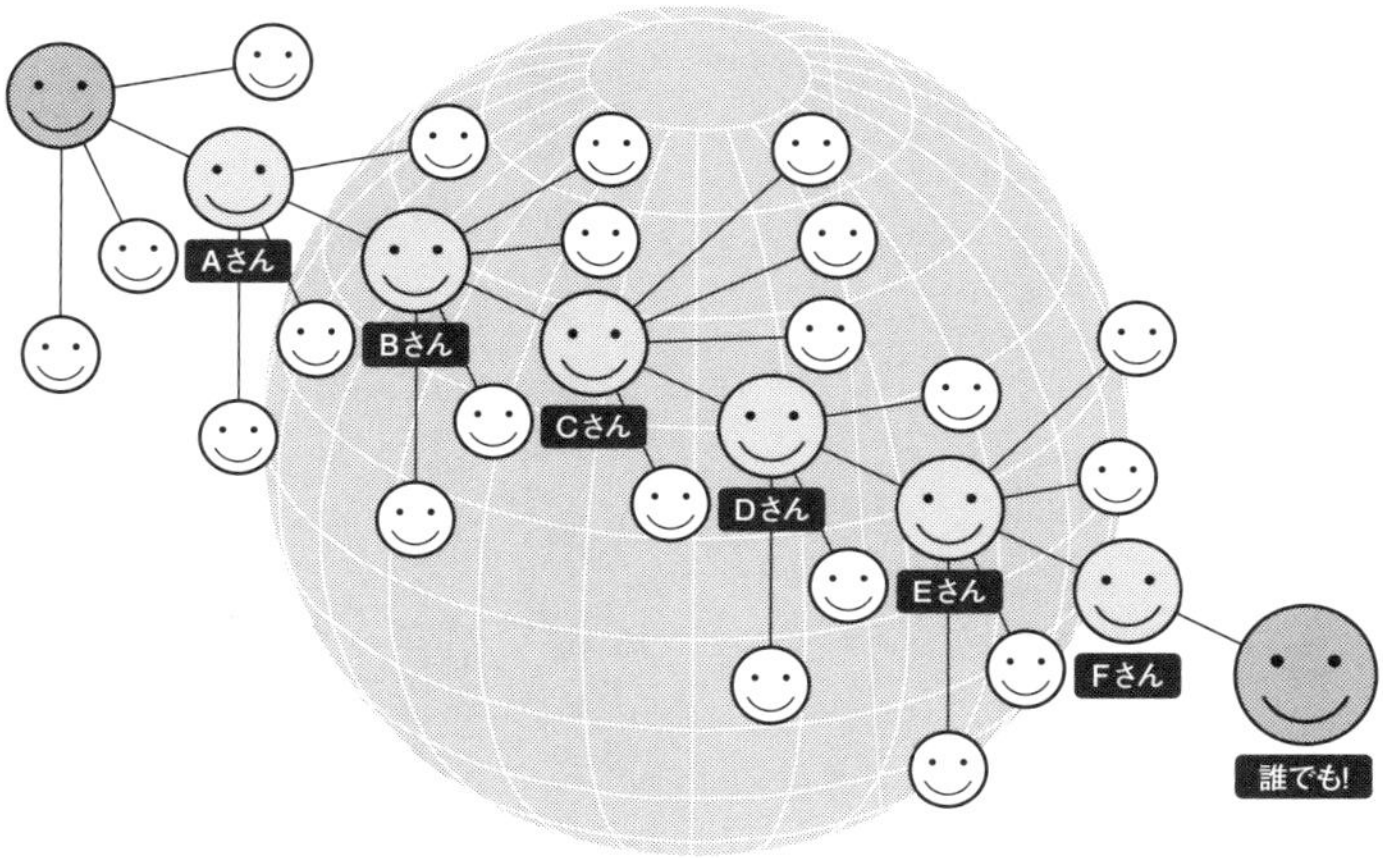

介してもらう。その知人Bさん、その知人Cさん、Dさん、Eさんと紹介してもらっていると、コミュニティの輪がどんどん広がって、最後の6人目のFさんの知人には地球上の誰とでも知り合いになれるという法則です（図4参照）。

1人の学生との出会いを大切にするということは、この「6人の法則」の根幹なのです。

1人の学生から10人の学生と仲良くなり、さらに広げていけばいいのです。「どうしたら学生が集められるのかわからない」とよく言われますが、簡単なことです。学生と仲良くなって「お友達を紹介して」とお願いすればいいのです。

結婚だって、有料の婚活サイトより、たま

たま出会った相手や知人の紹介というケースが多いもの。それと同じです。

Point▼学生の知り合い・社外の人脈があれば0円でも母集団は作れる

37.「体育会だよね、何部?」の一言から就活生とのつながりを作る

前項で述べたことですが、学生との縁、人の輪はアクティブに動くほど広がります。極端な話をすれば、街中で就活生と出会うことも可能です。

例えば東京・渋谷のスクランブル交差点。就活の時期ともなれば、その人波の中に就活生も大勢いるはず。歩いていて肩がぶつかってしまったら、「すみません、大丈夫ですか?」と謝った後に、服装から「あれ? 就活生なの?」と声を掛けることだってできます。電車内でも同じこと。

このとき、怪しまれないために、相手に安心感を与えるきちんとしたスーツや持ち物を、常

に身につけるよう心がけておくことが大切です。**勇気を出して一歩を踏み出さなければ、何も始まりません。**

私も最初は、街中どころか合同会社説明会の場でさえ、就活生に声を掛けることがなかなかできませんでした。

「就活どう?」と声を掛けても無視され続き。あれには凹みました。しかし、とにかく声を掛けまくりました。私自身を鍛えてきたのです。

アメフト時代からナンパで声を掛けた経験もなし。ナンパのほうはまだ一種の余裕ある行為ですが、仕事での声掛けだから必死でした。どう切り出せば一瞬でも就活生が応じてくれるかと、試行錯誤し思案を重ねた結果、やっと見えてきたのが「体育会」というキーワードでした。「体育会だよね、何部?」と問いかけ、応じてくれれば、私自身も体育会だったので話をつなげることができました。

体育会系の就活生は体型でわかります。上下関係もしっかりしているので、社会人の先輩として上から目線で声を掛けても嫌がりません。「何部なの?」「野球部です」「へぇー、ポジションはどこ?」と会話を続けられます。

女性の就活生、とくに姿勢の良い人や笑顔の素敵な学生、表情が豊かな人などには、「絶対、サービス業でアルバイトされていらっしゃいますよね?」と尋ねます。そうすると喜んで話を聞いてくださる方が多くいます。ちなみに学生時代のアルバイトは、大抵の方がサービス業ですからね。

例えば「スタバでアルバイトをしています」と応じてくれたら、「ああ、やっぱりね。だと思ったよ」と言った後に、「ちょっとでいいので、話を聞いてくれる?」と本題に入っていきます。「客単価の高いお店でアルバイトされていたでしょう」ということも聞きます。飲食店の場合、サービスレベルは客単価に比例して上がっていきます。そこで働いていたということになれば、そこそこの教育を受けていることにもなります。相手も褒められれば嬉しいもの。

声を掛けて会話をするときに大事なのは、何より就活生自身を承認してあげることです。「その笑顔が素敵だね」「すごく姿勢が良いけど、バレエか新体操でもやっていたのですか」など、その就活生が持っている魅力を見つけて伝えてあげることが、コミュニケーションの第一歩だと私は考えています。

学生に対するときの最強のテクニックは、レコグニション=称賛することです。「おまえ、すごいな」「まじで!」という言葉遣いでもOK。嘘になってはいけませんが、最大限、褒めてあげることです。

逆に言うと、人事担当者は、その学生の良いところを発見する能力が必要だということ。ときとして、「すごい、向いてるよ」と、やる気にさせることが大事なのです。就活で思いどおりいかずに苦しんでいる学生もいます。少しでも元気になってくれたら嬉しいですね。

Point▼街中で声を掛けて学生と知り合いになる

38. お得に学生と仲良くなる方法＝焼き肉ランチ!

知り合った学生と仲良くなる方法として、私が使うテクニックがあります。こちらから「友人を紹介して」とお願いするときや、学生からの就活相談で会う際に、場所を工夫するのです。学生の身分ではとても入れないような、ちょっと高めのレストランや学生には縁のなさそうな場所を指定して、一緒に食事をするのです。

「ちょっと、○○まで来てもらっていいかな?」と都心の一流ホテルの名を挙げて誘うと、ほとんどの学生は、「いいですね、行きます行きます」と即答で来てくれます。「好きなものを選んで食べて」と言っても、「えっ？　何を注文すればいいか、よくわからないです」と戸惑う学生も多く、「じゃあ、適当に頼もうか」という流れになっていきます。

学生と仲良くなるためには、まずギブをしてあげることなのです。

ちなみにですが、ハンバーガーにも1万3000円もする高級品があるのをご存じですか。赤坂の東京ミッドタウンに入っているザ・リッツ・カールトン東京のWOWバーガー。45階メインロビーのラウンジで食べられるのですが、フォアグラやトリュフ等が載っていて日本一高いと評判のバーガーです。

実際そこまで豪勢にしなくても、その種の情報自体に敏感になっておくことも大切でしょう。

さて、通常の方法で母集団を形成するためにかかるコストと比較したときに、1万3000円は高いのか、安いのか？

合同会社説明会に参加するときには、母集団単価フィーを算出します。集客のために媒体等に費やした費用を、実際に接触できた学生数で割り算します。その値が仮に1万円だったら、1人当たり6000円の焼き肉を食べたほうが安い計算になります。「焼き肉をご馳走するから、友達も連れておいでよ」ということになれば、安い単価で、より多くの学生と接触できるわけです。

リクナビの利用に３００万円かけたとして、エントリー数はある程度のボリュームがあっても実際に説明会に来たのが３００人どまりなら、単価は１万円。来た学生に１人ずつ１万円払ったことと同じです。それなら大きなコミュニティを持っている何人かの学生と食事に行ったほうが、効率的で割安です。

ランチならさらに安い単価で済むでしょう。１人１０００円程度の焼き肉ランチで１テーブル３人。それを何組も行えば母集団は形成できます。

母集団形成にあたって、人事は常に集められる人数と、それにかかるコストから単価を割り出して、知恵を絞ることが求められます。私からすれば、単価を下げるやり方はいくらでもあるのです。

Point▼知り合った学生にギブをすることで仲良くなる

39. 合同会社説明会は会場の外も宝の山

就活解禁の時期になると、全国各地で合同会社説明会が開催されます。いくつもの会社が大きな会場に一堂に会し、それぞれのブースを出展して会社説明会を行う就活イベントです。会場として、首都圏なら東京ビッグサイト（東京国際展示場＝江東区有明）や幕張メッセ（千葉市美浜区）が知られています。

数十万～数百万円単位の出展料がかかりますから、中小企業の中には「どうせ参加しても、学生はうちのような会社のブースには来てくれないから……」と、最初から諦めているところも多いという実態があります。

しかし、就活生と接触したかったら、会場の中だけがフィールドとは限りません。会場の外、会場周辺にも就活生は溢れかえっています。例えば、ビッグサイト近くのファミリーマートに行けば就活生といくらでも出会えますし、幕張メッセそばのＷＢＧにあるスタバなどは、合同会社説明会の時期ともなれば店内は就活生ばかり。

就活生と出会えるチャンスは、企業側が行動を起こしさえすれば、数えきれないほどあるのです。

Point▼就活生が大勢いる場所には積極的に出向く

40. 北大生を採用したければ、札幌駅前のパチンコ店へ行け!

北海道大学の学生を採用したいから北大に行く。それはそれで大事です。しかし、型通りのやり方だけを行っていて、いいのでしょうか。他のやり方を考える必要はないのでしょうか。別の場所にも北大生はいるはずです。札幌駅前の南口側にベガスベガスというパチンコ店があるのですが、ここではよく北大生がアルバイトをしています。

私はパチンコ業界の採用を担当していた当時、そこに北大生がよく通っていることを知りました。札幌周辺の居酒屋でアルバイトをしている若者の多くも、おそらく北大生でしょう。そこで北大の就活生に接触するという方法だってあるのです。常識に囚われることはありません。

各地で同様のことが言えます。福岡には就活生が集うカフェがあります。福岡から選考に来てくれた学生がいたら、「福岡の中洲、天神あたりだと、就活生はどこのカフェに行くの？」と聞いてみればいいのです。そこへ出向けば、学生に関するさまざまな情報を手に入れることもできます。

東京理科大の学生がアルバイトをしている神楽坂周辺の居酒屋、早大の学生がよく来る高田馬場あたりの店。あなたも、そういう学生が集まる店の常連になればいいのです。隣の席が学生だと思ったら、会計を持ってあげて話を聞き、学生と仲良くなっていきましょう。


Point▼学生街のお店に通って学生と接点を持つ

41. 学生のことは学生に聞くのが一番

自社の会社説明会に、より多くの学生を集めるヒントは何か？　答えは１つ。学生に聞くこ

とです。採用ターゲットである学生に、直接聞いてしまえばいいのです。

答えは現場が持っています。私たち採用関係者以上に、現場の最新の情報を持っているのは学生だからです。

前項で触れた、就活生がどこにいるかの情報源ともなってくれるでしょうし、学生がどんなことを考えているかを知るアンテナの役目も果たしてくれます。

採用チームに新人や入社年数の浅い若手社員を入れると効果的だという話は既に述べましたが、現役の就活生そのものからも情報を得る方法があるということです。

わが社は、東京大学や早稲田大学、慶應義塾大学などのインターン生がいます。ある会社でサマーインターンを企画したときも、その学生に同行してもらいました。「あなただったら、どう考える?」「今の学生はどういうことに興味を惹かれるの?」等々、聞きたいことをすべて、その学生からヒアリングしました。

大人たちが集まって「このインターンだったら、すごく興味を持ってもらえるのではないか」と思案しても、それが正解かどうかを答えられるのは、当の学生たちなのです。

Point▼知りたいことは学生に直接聞いてみる

42. 中小企業はエントリーシートも筆記試験も不要！

エントリーシートは効率的に母集団をセグメントするためのツール。私はそう考えています。書かれている内容は深く読みません。まず、見るのは字体だけ。文字には性格が出ますから、何万枚も履歴書を見ていればおのずと人柄は見えてきます。丁寧にきっちり書いている学生もいれば、下書きの鉛筆の跡が見えている詰めの甘いタイプもいます。

例えば、字がひどく汚くて、写真を見ても印象が良くなければ、サービス業や営業職志望なら自然と合格率が低くなります。念のため、書いてある内容をチェックしてみても、合格基準ではない。それならすぐに違う道へ導いてあげたほうが、お互いの生産性が上がります。

エントリーシートの様式というのは、企業側の自由です。項目を細かく設定せず、「自由に書いてください」でもいいのです。全体や文字を見て効率的に母集団をセグメントするためのツールだと割り切れば、それで十分です。

何百名ものエントリーがあって、そのうち面接に回す5%だけを抽出しようと思っても、全員分を内容まで細かく吟味していたら大変です。

逆に、そもそも学生の応募があまりない会社なら、工数との関係でエントリーシートはやめるというのもありです。それは、そもそも学生と接点を持つ機会が多くないからです。足を運んでくれた学生なら、みな直接、面接でいいでしょう。

筆記試験も同様で、不要です。中小企業にも筆記試験を実施しているところはありますが、学生の気持ちになってみてください。同じ志望度合いで、筆記試験がある企業とない企業とどちらのほうが受けやすいですか？　筆記試験の問題作成を商売としている会社があって、それを利用しているケースが多いのですが、なにもそれに付き合うことはないのです。

適性検査のＳＰＩも中小企業は不要かもしれません。実施するなら、最初の関門とするのではなく、終盤の詰めの段階で活用したほうがいいでしょう。なぜなら判定は1人当たりいくらという値段設定だからです（約５０００円）。予算的にも多人数を対象に実施するより、面接を通過した人を対象に、入社後の育成のためにＳＰＩを受けてもらったほうが効果的です。

ＳＰＩは適性を見極める検査ではありますが、ある学生についてその業種に向いているかどうかは、この種の検査では判断がつかないことがあります。なぜなら、受検者は真の自分ではなく、なりたい自分に人間像（ペルソナ）を設定している場合があるからです。

質問項目に、「外向的と言われることが多いですか、内向的ですか」とあれば、たぶん95％の学生は「外向的」にチェックを付けるでしょう。それが求められる人物像だと考えているからです。


それでも企業がＳＰＩを実施している理由は主に３つあります。

１つには、地頭の良い学生は高い数値が出る傾向があることは確かだからです。その数値を参考にすることができます。

２つ目に、人事部門にとって重宝だからです。経営陣に対する説明の際に、言葉だけで「今年は前年より質の高い学生が集まっています」と報告するより、客観的なデータがあれば説得力が増しますし、部署の存在意義も示せます。

実は大手企業の中には、ＳＰＩの結果に関わりなく学歴で不合格を決めている企業がありま す。しかし、ＳＰＩの結果だとすれば、不合格になった学生も納得できるでしょう。これが、ＳＰＩが決して不要とは言い切れない３つ目の理由です。

いずれにしろ、学生がなかなか選考に進んでくれない中小企業なら、エントリーシートだ、筆記試験だ、SPIだと、採用の定型にこだわらず、面接に力を入れ、学生と会う機会を増やすほうが、より有効で実質的な採用活動となる場合があります。

Point▼エントリーシート・筆記試験・SPIは工数とタイミングで考える

Column.3▼アメフトとトライアスロンとビジネスと　その2

アメフトの競技内容は非常に戦略性が高く、複雑多岐にわたるサイン1つで、選手がフォーメーションやプレーを瞬時に細かく変えていきます。選手はその動きをすべて頭に入れています。1試合に準備するプレーの種類は数百にも及びます。

1つひとつのプレーも細かくデザインされていて、例えば、私のポジションであるランニングバックでいうと、ターゲットの地点まで最短距離で進むために、1歩目のステップは左右どちらの足をどの位置に置くかまで決められています。それをクォーターバックと徹底的に繰り返し、反復練習します。1歩目を完全に正確に、たとえ無意識であっても動き出せるようにするためです。

それを完璧にやり遂げることの大切さを、私は体験してきました。この積み重ねが完成度の高いプレーを創り上げます。

チームを1つにする工夫として、試合や大事な練習の前には「ペップトーク」があります。へッドコーチが選手たちの前で発する、短い激励のメッセージです。

立命館大学では、ライバルとの重要な決戦直前には平井英嗣総監督（当時）や現古橋由一郎ヘッドコーチのペップトークに、全員で涙してグラウンドに出て行くのが恒例でした。選手として最も痺《しび》れる瞬間です。

また、練習前後か練習中には、必ずハドルがあります。お笑いコンビのオードリー春日俊彰さんの「トゥース！」はまさにハドルを作る合図です。

それを合図に、チーム全体が走って1つの場所に集合します。移動はダッシュです。ダッシュしていない人がいると何度もやり直しをします。そこで気合いを入れる熱い言葉をキャプテンとして投げかけます。そして、ハドルをとく声出しをして、次のところまでダッシュで移動します。ハドルを見れば、そのチームが本物なのかどうかがわかります。

私たちは1回生～3回生までの3年間、ライバルの関西学院大学に3連敗しました。自分がキャプテンになったその年、その原因を徹底分析しました。すると、当たり前のことを当たり前にできていないことに気がついたのです。

試合はスーパープレーが出ることもありますが、それだけで勝つわけではありません。大事なのは、どうすれば当たり前のことができるチームになれるかです。

このようなアメフト体験を背景に、人財育成・人財開発に関する私の思考やビジネスに対する基本的な姿勢は培われてきました。

また、トライアスロンに出場するための、傍から見れば過剰とも思われかねない日常トレーニングを通じて、とにかくエネルギッシュであること、自分を鍛えることの大切さを感じ、それをビジネスの場でも生かしてきました。採用担当者は、ヘビーなときは1日に12人もの面接をこなします。1人1時間でも12時間労働です。

人の人生と関わることは、楽な仕事ではありません。心身ともにヘルシーでいることが求められます。

第4章
説明会の工夫

43. 説明会は、採用しない学生を決める場

会社説明会は、採用したい学生を選び出す場ではなく、採用しない学生を決める場です。

「絶対に採用することはありえないな」という人物を、見極めることが優先目的。明らかに採用しない学生にまで時間を費やして選考面接をするのは、忙しい企業にとって時間がもったいないからです。**説明会は、効率性を高めるための一次フィルタリングとして活用しましょう。**

例えば、外見。就活の場にダブルのスーツを着込むなど過剰にファッショナブルだったり、逆にノーネクタイで不潔感が漂う服装だったり、茶髪やフケの目立つ髪だったり、一見して基本的な感覚に「?」マークが付く学生をチェック。

あるいは質疑応答での言葉遣いが社会人としては失格だったり、話の内容が低レベルすぎたり。サービス業界の会社説明会なのに、いくら話しかけても笑顔にならないタイプなどもそうです。これらのような、面接に来てもらう必要はないと判断した学生の資料には印を付けます。印の付け方はそれぞれ企業が考えればいいことですが、一例として、笑顔にならない学生な

らSX（＝スマイル・バツの意）、話のレベルが問題ならLX（レベル・バツ）等。「×（バツ）」はネガティブですが、「X（エックス）」はパッと見ても意味がわからないでしょう。自分だけがわかる（学生本人の目に触れてもわからない）簡単な記号を考えておけばいいのです。

男性でウエディングプランナーとしてブライダル業界を希望する場合、容貌・雰囲気は大事です。なぜなら、プランの意思決定は花嫁側がすることが多いからです。「一生に一度の晴れ舞台ですから」と格上プランをすすめてくる担当者が、不潔だったりイケメンにはほど遠かったり物腰に好感が持てなかったりすれば、女性の心は動かないだろうからです。

説明会は採用しない学生を決める場と述べましたが、ときには絶対に来てほしいと思える学生に印を付けることもあります。サービス・営業関係の職種で新卒を獲得したいと考えている企業なら、とびきり好感の持てる笑顔の持ち主など恰好の人財が見つかったなら、〇印を付けておくのもいいでしょう。

説明会は効率が大事という観点からは、もう1つ工夫するポイントがあります。「履歴書不要」です。

就活生にとって、履歴書を書くのは大変な作業。面倒くさいという気持ちになりがちなところで「履歴書不要」と聞けば、ハードルが下がり、「この説明会、行ってみようかな」となります。まずは1人でも多く説明会に出向いてもらって、そこで前述のように採用しない学生を選び、残った学生だけに改めて履歴書を求めればいいのです。

説明会は一次フィルタリングの場、学生集め優先という採用戦略があれば、「履歴書は持参しなくて可」の発想が出てきます。

Point▼説明会では学生の様子を観察してチェックを付けておく

44. 説明会には2つの目的がある

会社説明会の目的は2つあります。1つは、説明会に足を運んでくれた就活生を、なるべく多く次の段階である面接へと誘うこと。歩留まり率を良くすることです。もう1つは、説明会で出会った学生との縁を、新たな母集団作りへと生かすこと。

まず前者の歩留まり率。前項では、説明会は落とす学生を決める場と述べましたが、これは逆に言えば、好ましい学生ならなるべく多く、なるべく効率良く、面接へと誘うための場であるということです。これは当然どの社も考えることでしょう。

では、2つ目の新たな母集団作りとは何か。

説明会どまりで面接には進まなかった学生や、面接はしたものの入社には至らなかった学生、そういう人々も含めて、説明会に参加してくれた学生が自社のファンとなるよう図ることです。

そのためには、説明会が魅力的で楽しく、強い印象を残すものでなければなりません。プレゼンテーション後の会場での質疑応答なども含め、ファン化を図る。その努力が、就活生同士の情報交換や口コミを通じて、新たな母集団作りへの1つのルートになる可能性を軽視してはならないということです。

これは、私流の表現で言えば「紹介を起こす」ということ。説明会で出会った1人の学生から友人たちを次々に紹介してもらい、就活イベントを企画した事例は後の項で述べましょう。

Point▼魅力的な説明会にすることで学生のファン化を図る

45. 戦略やコストに直結、会場の○○に注意！

「今年はわが社の説明会に学生を1000人は集めたいものだ。去年は500人だった。なるべく多くの人数を集めて、その中から優秀な学生を何人か選びたい」

このように、前年比2倍の目標数を定めた企業があったとしましょう。説明会の参加目標数を決めたら、同時に思考をめぐらせなければならないのは、説明会会場の収容力。どこで、何回という計算です。

前年に500人の場合、もしその企業に50人収容可の大会議室があれば10回で済みますが、仮に10人でいっぱいの部屋しかなかったら50回の説明会が必要だったはずです。

優秀な人財獲得に力を入れたいからと、2倍の1000人に増やすつもりなら、次のような計算をしなければなりません。

10人ずつのままなら100回も説明会を開催することになる。採用担当者の工数から、それは可能か。スタッフの人数を増やせるか。部屋の確保に社内の他部署との調整も必要です。それとも20人が入れる貸会議室を利用して、前年同様50回の開催に留めるか。その場合は室料というコストがかかる。社内に20人収容可能なスペースは作れないものか……。

会場費はもちろんですが、そもそも学生が通る導線、説明会実施場所、机の置き方、座り方、お手洗いなど、学生が見えるところはすべて、あなたが学生だったとすると、どれも素晴らしいと思えるものになっているでしょうか？　企業の印象とはそういったところから判断されます。

Point▼会場の広さ・費用・導線など細部まで考えて設定する

46. 50人集めたかったら募集は60人で

前項の計算式の続きになりますが、仮に50人収容できる説明会会場を用意できた場合でも、「50人まで可」で募集してはいけません。

実際に来場するのは40人程度と考えておいたほうがいいからです。せいぜい8割強～9割程度。ですから募集は「55人」とか「60人」で行うのです。それでやっと、50人ずつ来て20回で完了、という計画に沿った活動が実現します。

実際には、就活シーズンの当初は40人前後集まっても、中盤以降になればもっと減るもの。就活生のスケジュールも煮詰まってくるので、30人台に落ち込むこともあるでしょう。

「説明会に多くの学生を集め、優秀な人財を獲得しよう」という大方針を定めても、それを実現するには、以上のように、会場の収容力と開催回数に関する計算や募集の仕方など、細部を詰める作業こそが欠かせないものとなってくるのです。

Point▶収容人数より多めに募集をかける

47. 説明会会場にオフィス全体を利用するには？

会議室など社内の部屋確保のために、多くの企業が部署同士で多かれ少なかれ競争を展開していることでしょう。

そんな状況の中で会社説明会会場として採用担当者が何度も部屋を確保するのは、なかなかパワーを要する仕事です。関係各所を巻き込んだ調整力も求められます。とくに、小さな部屋しかなく、何度も説明会を開かなければならない企業は、そもそも採用活動の効率が悪いうえに、さらに部屋確保の苦労も重なってくることになります。

私の知っている企業の中には、より大きい会議室が社内にあるにもかかわらず、担当者の全社への巻き込み力不足で、小さな部屋しか取れずにいる例もあります。

そんな企業でも、広いスペースを利用する方法があります。

会社が休みの土日・祝日に説明会を開催すればいいのです。オフィスをフルオープンにして、収容力を高めるわけです。

普段はなかなか空いていない大きめの会議室を使うことができたり、5〜6人でいっぱいの会議室しか持たない企業の場合も、平日は無理でも休日なら空いているスペースをうまく利用できたりと工夫の余地が広がるでしょう。

Point▼会社が休みの日を利用して説明会を行う

48. AKB48カフェで説明会⁉

いつもとは違う層の就活生を自社の会社説明会に集客したい。そう望むなら、説明会を開催する場所についても工夫が必要です。

例えば出版社や広告業界。自社が関わる華やかな発表会やイベントが行われる会場の控室等で、30分~1時間、説明会を開催したり面接を実施します。それが終わったら、発表会やイベントを見学できるように段取りしておくのです。

出版社だからこそ、取材・企画等の形でこういう場所に入り込めるのだという実例を見れば、学生は「おお、すごい!」ということにもなるでしょう。広告関連の会社なら、イベントを仕切る裏方として動いている様子を見学してもらうことで、仕事への理解や憧れを高める効果が期待できるかもしれません。

私自身は、AKB48カフェでの説明会を実施したことがあります。たまたま自社が使える関連施設として、アイドルグループAKB48のオフィシャルカフェ&ショップがあったからです。

自社リソースの活用です。

ただ、こういう意外性のある場所で説明会を行うというキャッチーなことは、実際にはなかなか難しいことではあります。

ですが、「必ずしも自社内でやる必要はないのだ、どこでやってもいいじゃないか」という発想に立てば、いろいろな工夫はできると思います。

例えば、「会社の会議室でやります」ではなく、「皇居の前に集合ね」でも、いいではないですか。説明会で皇居前に集合なんて不思議ですから、就活生は「何だろう？」となります。

本当はそのキャッチーな会場が、自社の事業内容と関連付いていれば一番良いのですが、そうでなくてもかまいません。極論すれば、効果的に学生を集めることのほうが重要だという話です。そこにわかりやすいメッセージがあるといいですね。

「井の中の蛙」になってしまうと、狭い井戸の中だけの世界が当たり前すぎて、その外にもっと異なる世界が広がっていることに気づきません。「説明会は本社でやるもの」という考えはまさに、「井の中の蛙」の状態です。

変わった場所で開催したことが関心を呼んで、優秀な学生が訪れる可能性もあります。トライ・アンド・エラーです。効果的だったら、たまにやればいいのです。

Point▼変わった場所で説明会を行うことで学生を集める

49. 朝就活のモーニング説明会で意識の高い学生をピックアップ

ここまで会社説明会を「どこでやるか」という話、つまり「ｗｈｅｒｅ」について述べてきました。次は「ｗｈｅｎ＝いつやるか」についてです。

一般的には平日の午前10時というケースが多いのですが、それで学生があまり集まらないようなら、曜日も時間帯も工夫の余地はいくらでもあります。

まず曜日ですが、土曜や日曜の開催でもいいでしょう。会場の収容力の観点から休日開催もありだということは既に述べましたが、純粋に時間の観点からも、就活生集めに役立つなら休日開催も一考の価値ありです。

人事・採用担当には「休日出勤は勘弁して」という思いもあるでしょうが、振替休日を作ればいいのです。実際、人事は忙しいので普段から休日出勤することも少なくありません。

次は時間帯。平日でも「朝活」という手があります。

朝7時から8時半までの説明会とすれば、他社との重なりも避けられます。就活生は時間に追われているので、朝7時からの説明会と聞いて、「時間が有効に使える」と歓迎する可能性もあります。

朝活のもう1つのメリットは、自社に対する学生の意識の高低を把握できることです。「あの会社、少し気になる」という程度の関心しか持っていない学生なら、「朝7時？　そんなに早く？　面倒くさい」となって、参加はしてきません。一方、その時間帯に設定されても来社する学生は、その会社に寄せる意識が高いと見積もることができるでしょう。

この朝活の場合は、朝食への配慮があってもいいでしょう。場合によっては学生に軽食を用意するとか、「朝マックを持ち込んで、食べながら行います」と伝えておくなど、です。

朝活とは逆に、夜もありえます。とくに面接が進んで「この学生は欲しいな」と判断した場合は、夜の時間帯を設定して、ゆっくり飲食をと考えてもいいでしょう。

もちろん、コンプライアンスの問題がありますから、会社に確認して了解を取ることは必須です。上場企業などでは、異性の就活生と人事担当者が外部で面接することを禁じている企業もあります。

しかし、人財確保に積極的なベンチャー企業などには、そういう方法を取っているところも少なくありません。過去の話ですが、某人材系大手企業は一時期、銀座の寿司屋を借り切って、同社の入社に挑んでいる学生なら誰でも連れて行っていいという方式を導入していました。1人当たりの採用コストの上限が1000万円だったとも言われています。

いずれにしろ、さまざまな曜日や時間帯を設定してみて、どこが一番集まるか、どこにどんな学生が多いのか、マッピングして分析してみましょう。まず試してみる価値はあります。説明会への集客に苦労している企業なら、なおさらです。

Point▼あえての朝活で意識の高い学生を見極める

50．開催時間は90分がベスト！　2本立ての場合の注意点

私のおすすめの会社説明会の開催時間は90分です。質疑応答込みで90分、最大でも120分＝2時間です。それ以上延ばしてもいろいろな意味で疲労し、採用側も学生側もお互いに得られるものはあまり出てきません。

1回の長さに加え、もう1つ時間に関して大切なことがあります。それは、説明会を1日2回の2本立てにする場合のこと。1回目の終了から次の開始までの間隔を、十分余裕のあるものにしたほうがいいということです。

なぜなら、2本立てだと学生の入れ替えが当然必要になります。その場合、間隔が短いと最初の説明会が良いものになりづらいのです。終了の予定時間が来たら、「はい、これで終わります。さあ、退室してください」となりますが、そういう説明会は学生にとって必ずしもベストなものではありません。企業側にとっても同様です。

冒頭で「おすすめの会社説明会の時間は90分」と記しましたが、終了後の会場での学生との

接触も、実はかなり大切なのです。

説明会での質疑応答の工夫については次の項で触れますが、学生の中には終了時間が来ても「まだ質問があります」とか「答えがまだもらえていない」という人も出てきます。そういう積極的な学生こそ大切にしたいので、会場に残ってもらい、十分に対応します。そのためにも間隔の余裕が必要なのです。

私の場合、説明会が終わった後でも、参加学生のほぼ全員と会話をします。

「○○さん、今日は説明会に参加していただき、ありがとうございました。今日の説明会では、どんな気づきがありましたか？」

などと声を掛けて、学生の反応を把握すると同時に、説明会の席上でのやり取りであらかじめ好印象とチェックしておいた学生と、さらに接触を深めるのです。

説明会が進む中で、採用チームのメンバーは学生たちをどんどん観察していきます。そして、高いランク付けをした学生には、終了後に採用チームのメインのメンバーが接触を図るなど、手分けして話しかけていきましょう。

説明会の席上では、すべての学生の発言を聞けるわけではないので、終了後のフランクな会話で全員と話すようにしているのですが、一言二言の会話だけでも、その学生が自社で活躍できそうなのか、そうでないのかが案外よくわかるものです。

一方、**学生側からは、「これほど1人ひとりに向き合っていただけるような説明会は、初めてです」といった反応がよく聞かれます。このことは、結果的に不採用だったり、逆に辞退して入社しなかった学生たちも、将来のビジネス相手として、あるいは1人のユーザーとして、あなたの会社に好印象を持つことにつながるという効果ももたらすでしょう。**

Point▼説明会後は参加者全員と話す時間にあてる

51. 就活生から質問を引き出す方法

説明会の最後に、「質問ある方？」と問いかけても、なかなか手を挙げる学生がいなかったとき、そこで心折れてはダメです。

私の場合は、説明会のアンケート用紙に質問欄を設けて、「ではみなさん、アンケート用紙に質問を書き込むところがあります。今からその質問欄に聞きたいことを5分で書いてください」

と言います。すると、ほぼ全員が質問を書きます。質問を書いてもらってから、「では、発表したい方？」と、いきなり挙手ではなく、書いてから聞くという手法を取り入れます。

この方法により、質疑応答が活発になります。学生が手を挙げ、こちらが指名して順に質問発表→回答という時間が続きます。なかには最後まで指名されず「まだ質問が……」という学生も何人か出てきますから、そういう熱心な学生には前項でも述べたとおり会場に残ってもらい、全員に対応します。

また、アンケートに記載があれば、「誰がどんな質問を創るのか？」を把握することもできます。

質問を引き出すもう1つの方法には、次のようなものもあります。

「質問ある方？」と聞いても緊張で学生の手が挙がらないときには、「はい、手を挙げなかったでしょう、みんな」と言ってから、就活生へのアドバイスとなる話を続けるのです。

「いいかい、就活を生き抜く方法を伝授しますね。実は、この場で何を質問できるかということを、企業は見ているのですよ。説明会での発言、発表の積極性を見て、選考合否を判断する企業もあります。あなたは自分で自分の可能性を失っていることを理解していますか？」

この後に再び、「じゃ、はい、質問ある方？」と問うと、先ほどの数倍は手が挙がります。「どうぞ」と学生を指名し、「よかったね、今日ここに来て勇気を手に入れて」と言いつつ、質問の内容に答えていきます。

学生にとって刺激的な説明会、役立つ説明会にするのは人事採用担当者の仕事です。説明会の内容で自社への関心を深めてくれる可能性がありますし、「あそこの説明会は面白かった」と就活生の間で話題になることは歓迎すべきことだからです。

Point▼説明会での質問は書かせてから尋ねる

52. 就活生の目線で説明会会場を見直してみる

説明会で会社を訪問する際、学生の多くは「自分はこの会社の評価者である」という姿勢で臨んできます。その会社について知りたかった情報を探り、「ここは○」「こっちは×」とその学生の解釈によって、勝手に採点するのです。

自分が想像していたのとは違うなと思ったら、気持ちにシャッターを下ろしてしまいます。以後は、企業側がどんなに熱く説明しても、聞く耳を持ってくれません。それを防ぐための工夫・細心の注意が説明会には必要です。

その第一歩が説明会会場の設営です。具体的には、自社の社屋や店舗を会場とする場合、徹底的に掃除をしておくこと。会場となる部屋はもちろん、建物の入口からその部屋に至るまでの導線も含めてすべてです。トイレも必ず使用するので忘れずに。

就活生にとっては、その日、目に入ったすべての情報が評価材料となります。学生の目線で導線のすべてを見直してみることです。都心の立派な高層ビルに入っているような大企業ならともかく、とくに中小企業はそれが大事です。

掃除は徹底的にすること。そして、人事担当者が自ら行うこと。私が飲食業界で人事部長をしていたときに、自社レストランのアイドルタイムを利用して説明会を開催した話は前述したとおりですが、そのときも私が先頭に立って掃除をしました。

前日にも、店の現場には、「閉店の片付けの時間に、きちんと掃除しておいてください」とお願いはするのですが、現場は忙しくて手が回り切らないこともあります。ですから、当日は人事担当者が早出で徹底的に掃除するのです。

飲食業では、触ってベタつく箇所も店内には結構あるもの。そこを徹底的にキレイにします。

いくつもある店舗のうち一番おしゃれな店を会場に選んだことは言うまでもありませんが、最後のツメは採用担当者が率先して行いましょう。

Point▼会場の掃除は採用チームで徹底的に行う

53. お客様と同様、就活生にもファンになってもらえる受付を用意

次に、学生を迎える案内役の対応です。住宅会社やブライダル、飲食業界などでは、本来のお客様と就活生が同じ入口から同じように来社・来店・来場することになります。1階のフロントで鉢合わせすることもあるでしょう。

そんなとき、つい学生に対して、「面接？　あ、じゃ、ちょっとそこに座ってて」という素っ気ない対応になってしまう光景が多々見受けられます。売上に直接関わるお客様に対しては最上級の丁寧な対応でありながら、学生には粗雑なんてことも。

しかし、この時点から企業を見る学生の採点は始まっているのです。

前述の私が人事部長をしていた飲食企業の場合、飲食店の構造が、エレベーターで上がった4階が入口で、靴を脱いで降りた3階が説明会会場。担当者は学生を丁寧な言葉で迎え、4階の受付から会場までずっと付き添って案内します。

途中の通路では、「お足元、ご注意くださいね、段差がございますので」という声掛けも。実は、この店内はおもてなしの観点からあえて段差を設けてあり、トイレの場所はわかりづらいように設計されています。

これはお客様との接点を作るための工夫です。来店時の「足元にご注意を」が声掛けのきっかけとなるからです。また、トイレの場所を尋ねてくるお客様は常連ではなく初来店の可能性が高いとわかります。そこから、「今日は、どちらからですか?」などの会話も生まれます。

この特徴を、説明会で来店する就活生相手にも活用しているのです。多くの企業が「会場はこちらです」と簡単に案内するだけなのとは大きく異なります。学生を案内する人が、「今日、どこからお越しいただいたんですか」とか「地元はどちらですか」などと、学生1人ひとりにコネクトするようにしています。

そして、説明会の中でも、今まさに学生が実際に体験してきたばかりの段差やトイレの説明をするのです。自社のサービス強化への取り組みにもなりますし、説明するとストーリー性があって、就活生にも共感してもらえます。

Point▼受付はお客様と同様に丁寧な対応をする

54. 説明会開始前、「どんなことを期待しているのか？」と学生に聞いてみる

ジャパネットたかたの髙田明前社長の言葉で、私が「なるほど」と感じ、記憶しているものがあります。

「僕のプレゼンの成功の8割は、みなさんで決まること、知っていますか？」

オーディエンス（聞き手）がプレゼンテーションの80％の成功を決めるのであって、（話し手側の）自分には20％の責任しかないという意味合いの言葉です。

これを会社説明会のプレゼンに当てはめると、「説明会が始まる前に、『どんなことが聞けた

ら良い時間になりますか?』と聞いておこう」です。

学生はさまざまな目的、思いを持って説明会に参加してきます。大別すると、次のようにカテゴリー分けできます。

①この業界全体に漠然とした関心があって来た人

②会社自体に何となく興味を持った人

③誰かの紹介で来た人

④ピンポイントの話を聞きに来た人

こういった〝オーディエンス〟の姿勢を、最初に聞いておくのです。

「この業界に最も関心があるという人」「この業界もいいなと思っている人」「今日具体的に聞きたい質問がある人」などと分類用の質問をいくつか用意しておき、説明会の冒頭に会場に問いかけて、手を挙げてもらうのもありです。

例えば、「食業界に興味がある方はいらっしゃいますか」と聞けば、会場のおおよそ何%が食業界に興味がある就活生かがわかります。続けて、食業界についての説明を行うのですが、80%ほどが食業界に興味があるのであれば、

「一次産業が二次産業を経て、三次産業へ。最近は六次産業化というのが流行ってきています。食業界に携わるということは、この流れの中のどこかに入るということ。今日、私たちは三次産業、あるいは一部の六次産業について話をします。それぞれの仕事は、こういう仕事で、こういうやりがいがあります」

といった調子で、少しでも学生に業界を理解して帰ってもらえるよう努めます。具体的に質問がある人が多ければ、質問に答えることをメインに、業界への関心度があまり高くないようだったら、少しでも業界に関心を持ってもらえるような話題を入れてと、その説明会に多く来ている就活生に合わせて話の内容を変えるのです。

会社説明会のプレゼンテーションで大切なのは、こちら側が準備してきた内容を一方的に伝えることではなく、むしろ参加してくれた学生側の満足度を高めることだからです。

こちらの問いかけに対する反応によって、つまり、どういう気持ちで来ている学生が多いかによって、その日ごと、説明会ごとの内容を臨機応変に修正すれば、学生の満足度はアップし、自社に対する関心も高まるのです。

Point▼そのときの学生の関心に合わせて説明会の内容は変更する

55. 学生が涙する、感動させる説明会

説明会で感動させる必要があるのかと、疑問に思う人が多いかもしれません。しかし、業種によっては必要なことでもあります。

サービス系の「おもてなし」を重視する企業なら、就活生の感性もチェックしておきたいもの。こちらが仕掛けた感動させる説明会に、どんな反応を示すか見るのです。

それと同時に、他方では、就活生側からの厳しい企業チェックの目に対する〝答え〟とするためでもあります。

例えば、「〝おもてなし〟でお客様を幸せにする」をコンセプトにしているような企業なら、それが口先だけのものでなく、会社の根幹の体質となっていることを学生に示す必要があります。感動させる説明会は、その一端となるでしょう。

よく「御社の強みは？」という就活生の問いに、「挑戦する姿勢です」と答える人事担当者がいます。これは悪いと言っているわけではありませんが、その言葉の裏にはどんな事実（ＦＡ

CT）があるでしょうか？　何か具体的な材料があれば、より納得感のある答えが手に入ります。

それと同じで、おもてなし企業だというなら、説明会でもその姿勢が垣間見えるものだと思います。

私が「感動させる説明会」とするために実行したことの1つは、ある動画を流すことでした。そのためにまず、私の母校・立命館大学の後輩の就活生で、当時シンガー・ソング・ライターとして活動していた城戸楓花さんに声を掛けました。就活生向けの曲を書いてもらうためです。

その結果、『夢のカタチ』という曲ができあがりました。就活生が作る、就活生のための曲です。そして、その曲に沿った映像を制作して、説明会の席上で上映したのです。オリジナルソングですから著作権も問題にならず、コストは1万円のスタジオレンタル代だけ。動画制作も外注せず私自身で行いました。

歌詞の内容は、さまざまな「夢のカタチ」を諦めずに追い求めようというものです。就活生が聴いたら、心にじんわり響くような歌詞になっています。私では到底考えもつかない素晴らしい詩です。リアルな就活生だからこそ、就活生の本当の気持ちがわかります。

説明会というのは、その会社が訴えたいことを表現する場、就活生にアピールする機会です。その意味で、「感動させる説明会」も説明会の在り方の一例だという話です。

この映像に感動して、涙を流している学生も多数いました。「こういった映像に涙できる学生は、心が純粋でサービス業として誰かのために頑張れる人ではないか？」と仮説を立てることができます。

このように、サービス業に限らず、自社アピールと、自社の職場にとって学生が備えていてほしい感性や適性、あるいは体力などの確認を兼ねた企画・工夫が説明会にあってもいいと思います。

ちなみに、『夢のカタチ』を作った城戸楓花さんにとっても、その曲作りが就活時の感動すべき思い出となったそうです。


Point▶自社の強みが垣間見える説明会を考える

56. 社長が出てくる説明会は、果たして正解なのか？

社長が説明会に出てくることは、果たして正解なのでしょうか？

社長が最初の合同会社説明会から選考ごとに毎回のように顔を出せば、学生には「この会社、どうなっているの？」と不安を抱かれてしまうこともあります。

以前、とある就活生がこんなことを言っていました。「○○社は社長が説明会や選考に毎回出てきて、とてもエネルギッシュなんですよね。そのわりに人事の方は物静かで。そういう会社だとチャレンジもできないんですかね？」と。

社長が説明会の最前線に来ることが、ネガティブに働く理由は3つあります。1つは、社長以外に会社のことを語れる人財がいない可能性。もう1つは、学生を口説く武器が社長のキャラクター、あるいは社長の情熱でしかない可能性。そして3つ目に、社長が権限を手放しておらず、社員が自主的に動けていない可能性です。

説明会も面接も最終選考も、何もかもが社長によって行われる会社。何かあるごとに社長が出てくる会社。これでは社長の素晴らしさばかりが目立ち、地頭の良い学生から見ると、不安が募るでしょう。「人事担当者の存在はいったいどうなっているのだろう?」という疑問さえ湧いてきます。そのうえ、当の社長の話が、学生の聞きたいことではなく、自己満足的な内容となっていたら、説明会の参加学生は「夢の中」に入ります。

しかし、社長の登場がすべてマイナスだということでは、決してありません。

第2章の26項(89ページ)では、社長が説明会会場にふらっとやって来て、学生に気さくに声を掛けてくれたり、社員が物おじせずに社長と会話している姿から、社内の風通しの良さを感じ取れるケースもあると述べました。

忙しい社長がわざわざ足を運んでいるのだから、採用に力を入れているなと感じさせられることもあるでしょう。社長が非常に魅力的で、会社のことを説得力ある形で語れる人物であれば、それがプラスになることもあるでしょう。

Point▼社長が採用活動の最前線に出すぎないようにする

57. 説明会のプレゼンは「why」から始める

会社説明会では当然、採用担当者のプレゼンテーションが基本となります。が、人事として、プレゼンテーションのトレーニングは積んでいるでしょうか？

私も日本ＩＢＭの営業時代に、たくさんのプレゼンテーションとトレーニングを受けてきました。一方、人事部の方の中には、プレゼンテーションのトレーニングを受けたことがない方もいらっしゃいます。

学生に睡魔がやってくる説明会あるあるは、担当者がとにかく喋りまくっているものです。プレゼンテーションでは、オーディエンスである学生の様子を観察することが大事です。

私の場合は、ＩＢＭ在籍時に、徹底的に鍛えられました。

ＩＢＭの新卒の卒業研修は、パワーポイントでのプレゼンテーション資料が全部で１００枚近くになります。提案の骨子を、絵や図を入れて見やすく作成していきます。１枚１枚のピッチ（＝パワーポイントの１ページをピッチと呼ぶ）で「何を伝えたいのか？」を表現します。そして、そのピッチの説明を5分バージョン、3分バージョン、30秒バージョンとさまざまな設定時間で行います。

その際には、「作成したパワーポイントの絵柄がわかりにくい」とか、「フォントが小さすぎて見えない」といった点も含め、先輩や上司からたくさんの指摘＝愛をいただきます。その種の経験をたっぷり積みました。

また、エンターテイメント企業の人事部時代は、全国に支店がある会社だったこともあり、北は北海道から、南は鹿児島まで、全国行脚して会社説明会を行いました。一番多いときのプレゼン実行数は、なんと年間２００回以上です。

プレゼンで一番のポイントは、意図を明確にしておくことです。その意図に沿って、プレゼンの骨子を組み立て、ストーリー性を入れていきます。その際に私がよく取る手法は、「なぜこの事業をやっているのか」という、ｗｈｙから入ることです。

まず、説明会の目的を定めます。例えば、どのレベルの学生を例年より何％多く獲得すると目標を設定した場合、その実現に向けてプレゼンのストーリーを構成するわけですが、その際に、「なぜこの事業をやっているのか」という事業への思い、ｗｈｙの部分から入っていくわけです。

そして、「このプレゼンテーションを聞いた人が、全員弊社のファンになる」ということをコンセプトとし、それに沿ってプレゼン用スライドを作成していきます。

会社のホームページで簡単に検索できるような情報は、あまり重視しません。決して、「創業〇〇年。社員数〇〇人、会社の沿革は……」などの調べればわかることに時間を使わないでください。

プレゼンは意図さえはっきりしていればいいのであって、必要以上に難しく考えることはありません。素晴らしいプレゼンの教材はたくさんありますが、なかでもＴＥＤ（Technology Entertainment Design）をおすすめしたいと思います。何人ものプレゼンテーターが自分らしさを追求し、ユニークにプレゼンテーションされています。ぜひ参考にしてください。

Point▼ストーリー性のあるプレゼンを考えトレーニングを重ねる

58. 説明会は事前の予行演習と動画チェックを！

136ページのコラム③の中で、「アメフトの試合において1歩目を正確に踏み出すために、その練習は徹底的に反復する」と書きました。この点について、より詳しく説明すれば、その際にビデオ分析をします。

少しでも間違った足の出し方をしていれば、すかさずコーチから「はい、やり直し！」と指摘されます。自分自身も映像で確認しつつ、正確な動きができるまで徹底して反復します。

現在、私たちの会社では、この手法をビジネスに活用しています。これは採用担当者の育成にも応用することができるのです。

例えば、効果的な自己紹介の練習。大阪に住んでいる弊社のメンバーから、自身のバージョンアップしたいポイントを聞きます。実際に、自己紹介のロールプレイングをスマホで撮影し、動画を送ってもらいます。

その動画を見て、服装、姿勢、声の大きさ、声の高さ、フレーズ、口調など、もっと良くなる方法を探求し、本人に提案します。一見、自分では気がつかないバージョンアップするポイントを、人の在り方を学んでいる私たちの目線で発見し、より良くなる提案をして反復練習してもらうのです。これを、採用担当者にも応用します。

会社説明会でのプレゼンテーションや面接でのやり取りの予行演習を行い、それを動画に撮って本人にチェックしてもらうことで、より良い採用担当者になるための改善を図ります。

学生を納得させ、惹き込むプレゼンになっているか？　面接官の応対は、就活生から話を引き出す雰囲気を作れているか？

採用担当者が就活生を評価選別するように、学生側も、「入社したい」と思っている会社を代表する人物として、目の前の採用担当者を観察しているのです。

その担当者が、自信がないような話し方だったり、高圧的な面接ぶりだったり、逆に言動が落ち着きのないものだったりすれば、学生の「この会社に行きたい」という気持ちが萎えることにもなりかねません。それを直すための訓練というわけです。

今やスマホで動画が手軽に撮れる時代です。説明会も面接も、動画を撮ってチェック→改善する手法をどんどん使っていきましょう。

説明会の予行演習の場合は、受付から説明会会場の部屋まで、学生がたどることになる導線に沿って、担当者の言動を動画で撮り続けます。その動画を担当者自身に見てもらうことで、問題点の修正に役立てます。

実際の説明会の際にも、ビデオ撮影を行います。就活生の顔は映らないよう会場の後ろから撮影して、オープニングの会話から始まり、プレゼンの様子をすべて録画します。予行演習したことの成果が表れているか、参加者の反応はどうだったかなど、改めて確認することで完成度を高めましょう。

また、私は実際の面接の場で動画撮影を行ったことがあります。もちろん学生側に、動画撮影の目的は面接官を成長させるための機会であることを説明して、許可をもらいます。

撮影した動画を面接官本人に見てもらうと、本人は多くの反省点を口にします。「学生に対して、すごくふてぶてしいですね、私」と気づいたり、面接官ばかりが話していて学生が何も話せていない様子が見えたり、だから学生の表情がどんどん硬くなっていくのがわかったり……。

言葉遣いにしても、「だから」を乱発していたり、喋りながら無意識に手を動かしていたり。その人の癖なのですが、実際に動画で見てみないと本人は気づきづらいものです。無意識に相手を指さすような動作が多くて、学生に威圧感を与えてしまっている人もいます。

面接官の成長にとって、自分が面接しているシーンを実際に動画で目にすることは強力な武器となります。

こうした予行演習をしたり、その様子を撮影して動画を見ながら改善するようなことまでしている企業は、あまりないでしょう。今までの採用活動との違いが生まれます。ぜひやってみてください。

Point▼説明会・面接での採用担当者の様子を撮影して自らチェックさせる

第5章
面接の工夫

77

59. 面接会場はスターバックスでもいい！

面接の会場は、自社の一室や貸会議室が当たり前。こんな常識に囚われる必要はまったくありません。街のカフェ、いわゆるスタバでもいいのです。

実際、ベンチャー系企業の中にはそれを実行している会社も少なくありません。オフィスを見せづらい中小企業なら、むしろ自社よりベターと言えるでしょう。若者である学生も歓迎してくれます。

密室で窓がない会議室だと、学生は心理的に追い込まれます。会議室の設計デザイン次第では、まるで取調室のようなことがあります。

そんな箱のような部屋の中で、面接官の前に座った途端、緊張感はマックスに達しているでしょう。目の前に怖そうな顔の社長でもいれば、なおさら萎縮してしまいます。面接後の社長の感想は、「最近の若い奴はモノも言えんな」の一言で終わってしまうかもしれません。

という私も、身体が人より大きく、座っているだけで威圧感があると学生からフィードバックを受けたことがあります。「会議室＋あなた」の印象は、自分が思っている以上に違う印象を与えます。

学生を見極めようと思ったら、話したいことが十分に話せる環境を作ることも、まずは大事です。もちろん、緊張感がある中でどう対応できるかもチェックはしたいところ。心理状態がフラットなときとどう変わるのか。そのギャップを知りたければ、次回の面接の会場設定を会議室などに変えればいいのです。どんな意図でその面接をするのかによって効果的な場所を選んでみてください。

私自身、面接にスターバックスも愛用しています。少人数の面接で、1人ずつ時間をずらして行う場合や、何度目かの面接で個別に行う状況になったケースなどがそうです。

スタバは学生にも馴染みがあり、全国各地にあります。アクセスしやすい場所に多く、隣席との間隔が広くて落ち着ける空間であり、店内のデザインも良いので、個別の面接の場として借用するには最適です。東京・目黒駅そばの店舗など、おしゃれな店や見晴らしの良い店もあるので選択の幅もあります。

スタバ以外ならタリーズコーヒーやエクセルシオールカフェ等。隣席との距離が近すぎるマクドナルドやドトールなどは、その点でやや不向きです。

また、就活生は電源コンセントやＷｉ‐Ｆｉを欲しがるもの。ノマドワーカーが利用していそうな電源カフェとして知られるワイアードカフェなども近年できていますが、スタバも充電用の電源を無料で使える店が各地に揃っています。

面接時にはコーヒー代はもちろんこちらがもちますが、終わったら「じゃあ私は別件があるので」と先に立ち去ることも。その際には、コンセントの使いやすい席を学生に教えてあげ、コーヒーもそちらに運んであげます。そういう気遣いも大切です。

就活生にとっては、オフィス内の面接で、終わったら自分が社外へと移動しなければならない場合より便利でさえあります。店内に残って資料を広げることもできますし、Ｗｉ‐Ｆｉを利用して諸々の必要な活動をすることも可能だからです。

Point▶面接は意図に応じて効果的な場所を選ぶ

60. 頼むコーヒーのサイズはベンティサイズ

社外の面接ならホテルのラウンジでもいいのですが、コーヒー1杯の単価がスタバ等のカフェとは大違いです。都心のホテルなら2000円近いところもあるので、何人もと面接しなければならないときは費用の面からNGです。

その点、スタバはホテルに比べれば単価が安いのはもちろん、お代わりが安い値段でできます。

コーヒーは一番小さなサイズのショートが税別280円で、一番大きなサイズのベンティは1杯税別400円ですが、本日のコーヒー注文時はお代わり（スターバックスではワンモアコーヒーと呼びます）は、最初に飲んだサイズ以下なら、どのサイズだろうと同じで税別150円です。つまり最初にベンティを頼めば、ワンモアコーヒーもベンティ（あるいは、それ以下のサイズ）を頼むことができ、150円で済みます。また、1杯目と違う豆のドリップコーヒーも可能です。

コストパフォーマンスの面と、そんなスタバのサービス心がおすすめです。最近では、タリーズコーヒーなど他のチェーン店でも同類のサービスが出てきています。

面接をするあなた自身も、オフィスではなくスタバでコーヒーを飲みながらと思うと、何だか楽しくなってきませんか？　ぜひ、お気に入りの面接用スタバを探してください。

Point▼カフェでの面接はお代わりが安いところで行う

61. 中途採用の面接はホテルのラウンジで！

面接について、スターバックスなどのカフェの活用法を述べてきましたが、これは相手が学生の場合です。中途採用で、とくに事業部長、部長クラスのポジションの面接となれば、スタバなどでは失礼になるのは言うまでもありません。

社外で開放的な場所を選ぼうと思えば、ホテルのラウンジなどになります。ホテルなら、相手のスケジュール次第では、「朝食と面接を兼ねて」というようなことも可能です。

弊社は立地がパレスホテル（東京・丸の内）に近く、社内のモーニング会という朝食会議に利用することも多いので、条件的にそのような形式を取りやすいということもありますが、「パレスホテルで朝食でも取りながらで、どうでしょう？」ということになります。パレスホテルの朝食は、グランドキッチン・ブレックファスト・ブッフェが税別4000円です。平日は比較的空いているので、朝食を食べながら落ち着いた雰囲気の中で話ができます。

私が学生相手にもホテルを利用することが少なくないのは、「母集団の形成」の第3章でも既に触れたとおりです。

Point▼中途採用は失礼にならない場所で面接する

62. リクルートスーツにこだわらなくていい

以前、某名門大学の野球部のマネージャーを採用したことがありました。採用コンサルタントとして、あるクライアント企業のために人財獲得したケースです。

そのときは、内定出しを試合後のグラウンドで行いました。監督に挨拶をし、監督の目の前で本人に内定出しをしたのです。となれば、当然、本人は試合用の服装。リクルートスーツではありません。私はあえてその日を選んだのです。

体育会の学生の面接は、大抵の場合、月曜日になります。普段は練習があってなかなか時間が取れず、週末も練習や試合で日程が埋まっているからです。だから月曜日がオフということが多く、面接も月曜日になるわけです。

しかし当人の立場に立ってみれば、せっかくのオフに、わざわざリクルートスーツを着て、はるばる会社を訪ね面接に臨むことになります。考えてみれば可哀そうなことです。

それに配慮するなら、次のようなこともできます。もし試合後に時間があるのなら、試合を応援しに行き、その後の時間を利用して面接すればいいのです。「じゃあ試合後、近くのカフェか何かでお茶しながら」と、面接の予定を組めばOKです（試合中の働きぶりも観察できますし、そもそも大学生の真剣勝負を見られるのでそれ自体楽しめます）。

その時間帯もチームの用事等で埋まっているならば、学生も断ってくるでしょう。こちらとしては、**相手にとって何がベストかを考え、まずはそれを提案することです。**

結果的に「月曜に会社で」となってしまった場合も、「私服でもいいよ」とは言います。しかし、学生にしてみれば、そう言われてもどんな服装で行けばいいのか迷うでしょう。「面接は私服で会社へ」は、学生には嫌な条件ともなってしまいます。

ただ、サービス業などでは、あえて私服を指定することもあります。「弊社は私服で選考しているので、そのまま私服でお越しください」というのは、学生がきちんと空気を読めるかどうかの判断材料にするためです。サービス業なら、お客様に与える印象が大事。私服でも、ちゃんと気を配った格好ができているか否か。そこを見ているのです。

また、女性の場合は、私服によって醸し出される素の雰囲気や着こなしもチェックしておきたいという面があります。サービス業や受付等、職種によっては大切な要素となりうるからです。

面接は、場所も服装も、必ずしも「会社で」「スーツで」と限定する必要はありません。学生にとってのベスト、学生を見極めたい企業側にとってのベスト……、それらを組み合わせて、幅広く自由に発想していきましょう。

Point▶学生の服装はスーツだけに限定しない

63. 学生によって面接回数は臨機応変に

欲しい学生を思うように採れない会社は、選考プロセスの設計が十分にできていないことが多々あります。逆に言うと、自社で作り上げてある選考プロセスにこだわりすぎていて、そこから逸脱する柔軟性がないということ。

例えば、面接のルールを、①人事の採用担当者→②現場面接→③人事部長→④最終面接と固定化して、誰に対してもそれを適用している、といったことです。

「この子、優秀だな。採りたいな」と判断できた学生なら、4回にこだわらず、いきなり最終面接にとんで「内定」でもいいのに、何がベストな設計かの分析・検討を怠っているわけです。

せっかく自社で働いてくれると言っているのに、段取りにこだわっている間に、学生側も不安になったり、「あれ、違うかな？」と心境に変化が生じ、選考辞退ということにもなりかねません。

逆に、4回どころか10回やってもいいかもしれないケースも出てきます。学生の思考がなかなか定まらなかったり、評価は高いのに学生側が自社に対してやや消極的な場合です。

しかし、ただ回数を漠然と増やせばいいというものでもありません。とくに後者の場合、学生との接触回数の多さを活用して、十分なプロセス設計を行う必要があります。学生の育成と意思決定を一段階ずつ引き上げる設計です。

「どのようにすれば、うちに来てくれるだろうか」と、時間をかけてベストな設計をする。戦略・戦術を練ることです。面接を重ねることで情報も蓄積できますから、それを基に個別の戦略設計を行い、戦術を練るのです。

私はこの学生1人ひとりの個別戦略を考えるのが、本当に楽しいと思っています。優秀な仲間が会社にジョインしてくれるのか、他社に行ってしまうのか、人事の実力によって変わってくるからです。

1人ずつの情報をしっかりデータベース化し、それに基づいてきめ細かく対応するというのは、顧客管理のCRM（Customer Relationship Management）の仕組みと一緒です。

私は、面接回数は多いにこしたことはないと考えています。心理学でザイオンス効果と呼ばれるものがありますが、接する回数が増えるほど、対象に対して好印象を持つようになる心理現象のことで、営業やマーケティングにも応用されています。

男女交際でも、最初のデートで長時間がっちり付き合うよりも、1時間程度の軽いお茶やランチ程度の付き合いを繰り返すほうが、親密度は増すと言われています。

学生は社会経験のない、いわば大人社会のシロウト。他方、学生を採れないと悩んでいる会社。学生が納得感を持つに至り、会社側も「じゃあ覚悟、決めたんだね」と言えるようになるためには、お互いに接触機会を増やしたほうが、当然ながら入社に結びつく確率は上がるでしょう。

要は、人事担当者がその学生とうまく関係を築いて、いかに相思相愛に至ることができるかです。そのための設計作りは学生ごとに違っていいのであって、自社の固定したルールにこだわる必要はないということです。

Point▶関係構築のためにも面接回数は多めに設定する

64. 私の面接は「合計8回」

評価の高い学生の場合、企業は少ない面接回数で内定を出したくなります。2回目にはもうOKというケースも。それが必要なケースもあることは前項で述べたとおりです。

しかし、実際には、面接はある程度の回数を重ねたほうが効果的です。

A社が優秀な学生の内定を、2回目の面接で迅速に出したとしましょう。しかし、その優秀な学生はB社からも内定をもらい、そちらを選んでしまったということも多々起こります。では、A社は、どうすべきだったのか。

すぐに内定を出してしまわずに、もっとその学生と接触を重ねるべきでした。さまざまな会話を交わすことで、学生が「イエス」と言いたくなるような材料の質量を増しておくべきだったのです。

仮に、その学生の意思決定のタイプが、内定をもらった自信から勢いに任せてA社を選択するようなタイプであれば、A社の迅速な内定決定は効果的かもしれません。学生には、内定を早くもらった企業に決めようとする心理が働くのは確かです。

しかし、ロジカルな意思決定の仕方をするタイプなら、いろいろ比較して、論理的な正当性に基づいて企業を選択しようとするでしょう。その思考の中に、A社にとっての好材料を効果的に注ぎ込むことがA社には必要です。そのための機会となるのが、何度か重ねる面接なのです。

学生が最終的な選択をしてしまう前に、A社は時間をかけ、できる限りのプロセスを踏むことが大切です。迅速に内定を出して、その後はフォローなしの期間が長く続けば、学生は新たな〝恋人〟に気持ちが傾いてしまうかもしれません。

もし学生が他の企業を選ぼうとしている場合でも、面接を重ねる中で、選択の論理的根拠を論じ合うことができるでしょう。そうなれば、学生の経験値では思考の中で欠如している部分を、社会人として育成し、成長させることも可能です。

私は実際、自分の意思がまだ定まっていなかったり、他企業に気持ちが傾いていた学生に、「面接8回」をした経験があります。内定を出してからの面接では意味がありません。学生には、「この面接を乗り越えないと、あなたには内定が出せない」という態度を取り続けました。

なかなか内定を出さないで、嫌がらせのように思うかもしれませんが、そもそも私の面接は、面接というよりは基本的に学生の相談に乗ってあげているという感じで対応しています。そのことが大切なのです。学生にとって、不安はあるが不満ではない面接です。

私たち大人は、学生は社会人シロウトであることを念頭に置き、優秀な原石を磨きながら見極めていくような器を持ちましょう。優秀な人を採るには、待っていてはダメ。攻めなければいけません。

Point▼何度も面接を重ねる中で自社を選んでもらう

65. ときには突き放す面接も必要

ある学生に内定を出したが、学生からは「イエス」の返事がなかなかもらえない。最も行きたい他社の最終面接がまだで、そのことが心に引っかかっているようだ。

……こういう状況のときは、いくらこちらが他社より前に最終面接をして、「あなたが必要なんだ」と熱い思いをぶつけても、相手の気持ちの半分にしか届きません。

そこで、逆に、あえて突き放した言い方をする手もあります。

迷っている学生は、就きたい仕事に関する夢や希望、計画や思惑をいろいろと語るでしょう。それに対して、「そんなこと言っても、うちでは難しいから、やめといたほうがいいかもしれませんねえ」などと突き放すのです。

すると、学生は焦ります。今までは相手が熱心に口説いてくれていたので優位に立っていた気持ちに、不安が忍び寄ります。その結果、「この会社に入れてほしい」という思いが改めて湧いてくる。一種の心理戦です。

男女の交際でも、簡単に口説けそうだと手応えを感じて、余裕を持って女性と付き合っていた男性が、急に相手に「私、他にちょっと気になる男性ができて……」と言われたら、その途端、焦るのと同じです。そして、本当は結婚話を持ち出すほど気持ちは固まっていなかったのに、つい焦って思わずプロポーズしてしまった、という展開もあるでしょう。

ただ、この突き放し作戦は、相手が本当に諦めてしまう危険性を伴います。したがって、十分なフォローが必要です。

とくに最終面接を社長が行い、前述のような突き放した表現をした場合、同席していた人事担当者はすかさず、「社長の愛が、あなたに伝わったかな？　本当に欲しくない人間には、社長はああいうことは言わないと思うよ」などとフォローしておきましょう。

Point▼あえて突き放す面接をした後はフォローを忘れない

66. 採用ターゲットに引っかからない人は5分で決める

採用担当者にとって時間管理は重要です。ポイントは、貴重な時間は「採用したい学生のために使え」です。換言すれば「生産性の低いことに時間を費やすな」。具体的には、採用ターゲットでない学生に時間を使わないこと。「5分で見極める」です。

採用しない人にかけている時間は、根本的には生産性の低い時間になります。

10人面接して10人採用する、30人面接して30人採用したというのが、効率性で言えば最も理想的。ところが、現実はそううまくいきません。30人採用するために、3倍の学生と面接して、その中から選んだとすると、面接する人の総数は90人です。60人分の面接に費やした時間は、結果的には生産性の低い時間だったということになってしまいます。

ですから不採用という結論は、わかっているのであれば、できれば5分で出したいもの。実際、それは可能です。そのためには、採用戦略として「グッバイパターン」を設けておく必要があります。このタイプは絶対採らないというパターンを、あらかじめ決めておくのです。

例えば、営業やサービス要員を採用したい会社の場合、学生の両親が学校教師や公務員で、本人も「安定」を最も望んでいるようなら、即「セイ・グッバイ」する等。商売には程遠い環境だから、デスクワークや企画的なことはともかく、「飛び込み営業を100軒こなす」ような仕事には向かない確率が高いだろう、という判断です。あらかじめ、その種の基準を決めておくのです。

弊社の場合ですが、瞬時にカットと決めているのは、次のようなケースです。自分自身に対して正しく向き合っていない（自分を良く見せようと嘘を言う）学生や、スポーツなど何か自分で誇れるものをやり切ったことがない学生です。弊社の仕事と合いませんし、入っても本人が不幸になるだけだと考えているからです。

ある質問をしてみて、このような反応が起きた場合には、セイ・グッバイしようと決めているのです。パターンを作っておいて、即断していきます。

IBM用語でセールスフェイスタイムというのがあります。お客様と直接的に接している時間のことです。IBMの営業が大事にしているのは、その時間を全体業務の何%以上にするというものです。私は現在、グーグルカレンダーで日程を管理していますが、その中でいったい面接に何時間を費やし、何人と会えているかと常に時間管理の観点を持ち続けています。

Point▶採用しない基準をあらかじめ決めておく

67. 顔選考はありか？

顔の美醜や体型など外形的な要素を理由に合否を決めることは、もちろんタブーです。しかし、採用に長年深く関わってきた私は、ほかならぬ就活生自身のために、あえて忠告はしておきたいと思います。

私はよく学生向けに就活のセミナーをするのですが、そこでこんな質問をします。「あなたが面接官なら、第一印象の外見ではどんな方と働きたい？」「美容院にはどのくらいの頻度で行っている？」、女性の場合は「就活用のメイクは学んだ？」、髪の長い男子学生には「アナウンサー業界では男性はおでこを出すのが基本だそう。なぜだと思う？」などです。

説明会後の一次選考を極力効率的に行いたいと考えている企業で、A君とB君のどちらを採用するかとなったとき、前記の評価が決め手になってしまうことはあるということ。とくに対人サービス業界など、ビジュアルも良いにこしたことはない会社の場合、経営上の必要から「顔選考」もあると言わなければならないでしょう。

ライバル社と内容的には差別化できない商品を、年輩経営者や人事相手に飛び込み合戦する場合、美人セールスが成績が高いこともあります。なお、美人を採用する際には気をつけることもあります。私のおすすめは、生まれつき容姿が優れていて、たいした努力もなくチヤホヤされてきたであろう見た目だけの〝美人〟ではなく、過去に何かしら苦労した経験があり容姿も心もキレイな努力型の〝美人〟です。

美人のほうが売上成績が高いのだとすると、顔選考が行われるのも自然の流れ。それが採用現場の最前線の実態です。

Point▼業種・業界によっては最後の決め手は容姿である

68. 採用しないと即断した相手とも丁寧に質疑を続ける

5分で採用しないと即断した場合でも、雑な対応をすることは禁物です。面接の15分間、きちんと質疑を続け、相手が期待を持てるような、気分が良くなるような話をします。

例えば、ひたすら承認します。「それは、すごいね」「どうして、そんなことができたの？」「へぇ～、なるほど」などと、頷き続けるのです。

これは、会社のファンになってもらうためのトークです。採用しない学生とはいえ、それでまったく縁が切れるわけではありません。会社にとっては今後、ユーザー、消費者、あるいは取引相手になるかもしれない存在です。グッバイしても、好感を持ってもらわなくても、「まあそうだよね。私とは合わなかったから」と思ってもらう必要があります。

不採用の学生に対してほど、丁寧な対応が大切なのです。ですから面接では、追い立てるような態度を見せたり、相手の言葉を否定して責め立てるような質問をするのは避けましょう。

昨今、SNSなどでいろいろ好き放題書く学生もいます。採用に関するトラブルも結局のと

ころ、お互いの解釈の違いによって起きることがほとんどです。例えば、選考は「受かる、受からない」という言葉を使うのか、「合う、合わない」という言葉を使うのかでは、印象は異なります。誤解が起きないコミュニケーションをしたいものです。

Point▼採用しない学生でも最後まで丁寧に接する

69. 学生が何を基準に決断するタイプか見分ける

就活生が学生時代に所属していたサークル、ゼミ、経験したアルバイト……。それらについて面接で話題になった際に、ぜひ聞くべきなのが、それを選んだ理由です。

例えば、高校時代にサッカー部だった学生から、「野球部とサッカー部、どちらにしようか迷いました」という話が出たなら、入部の決め手になったのが何だったのかを尋ねます。その答えが「いやあ、マネージャーが可愛かったから」「なんかかっこ良いから」なら、感情的な反応で意思決定する傾向が強いのでは、となります。

サークルやゼミを選んだ理由も「友達と同じにしたいと思って」「友人がいたから」などという説明だったら、「友達を大切にするんだね」と持ち上げることはしつつ、自分自身では意思決定しないタイプだな、という仮説が立ちます。

求める人物像が論理的思考の持ち主だったとすると、論理的根拠に基づいて意思決定しているかどうかを見るといいです。

しかし、企業は、すべての社員に論理的思考優先タイプであってほしいと考えているわけでもありません。営業など職種によっては、むしろ前述のようなキャラクターが望ましいケースもあります。トップに立つような人財にも、静より動、何かに突き動かされて行動し、動きながら考えるようなタイプが案外、少なくありません。

いずれにしろ、面接で意思決定の仕方を探り、自社の求める人財にふさわしいかどうか判断して、合う・合わないを決めればいいのです。

また、他社と競合している学生を自社に導くときにも、意思決定のタイプがわかっていると力強いです。その学生の最終決断を引き出すには、論理派、感情派、それぞれに応じた説得材料を用意すると効果的だからです。

さらに、就活生の中には、自分がなぜこの業界を選んでいるのか理由が曖昧な人も、わりと多いもの。根拠なく憧れの職業に挑む人がいます。

例えば、とくに理由なく女性が憧れる職業は、アナウンサー、ウエディングプランナー、キャビンアテンダント（CA）などです。飲食などのサービス業の面接を受けつつ、アナウンサーやCAの選考を受けます。心理的には〝何となくの憧れ〟です。過去の経験ですが、憧れにはかないません。

そういう憧れの職業とバッティングした場合に採用担当者がすることは、ただ1つだけ。その憧れ（夢）を応援し続けることです。もし本当に受かってしまったら、そちらに行かれてしまいますが、それはそれとして、その学生の夢が叶ったと心から喜んであげましょう。

憧れが叶わなかった場合、学生は自分の夢を応援し続けてくれた企業を選ぶ可能性がありま す。これを私は「二番手の作戦」と呼んでいます。

それだけ〝憧れ〟は強いのです。だとすると、どのようにすれば、自社の職業が学生から見た〝憧れ〟の職業になるだろうか？　この疑問文こそ、採用チームが解くべき問題かもしれませんね。

Point▼学生の意思決定のタイプから採用を判断する

70. 内定者と突然連絡が取れなくなる事態を防ぐには？

突然、内定者と連絡が取れなくなることがあります。連絡先として携帯電話の番号を書いてもらってありますが、かけても出ないのです。

本来なら、きちんと電話に出て、「すみません。選考は辞退します」「そうですか」という会話が交わされる、つまりコミュニケーションの完了があるべきなのですが、それがない。さらに言えば、内定を断る場合には本来、会社に出向き、あるいは少なくとも自分のほうから連絡を取って、「申し訳ありませんでした」と丁寧に挨拶すべきなのですが、それがないということもよく起きます。

その会社に入る気がないから電話に出ない、というのは社会的には通用しません。それどころか、実は学生本人にとってリスクになる恐れも大なのです。

私は説明会や面接のときに、学生に以下のメッセージを問いかけます。

「仮に内定を辞退しても、みんなどこか他の会社に入ることになるよね。そこで、例えば営業の仕事に就いたとする。内定を蹴った会社が取引先になる可能性もある。『弊社の製品の件でお訪ねしたいのですが』と連絡を入れたとする。しかし、相手があなたのことを連絡もせずに勝手に辞退した人だと覚えていたら、どんな印象を持つだろうか？」

こういった場合、当然、良い返事などもらえません。実際、私はそのような場面に遭遇したことがあります。

最終選考前に急に連絡が取れなくなった学生がいたのですが、しばらくしてその学生のFａｃｅｂｏｏｋを見たところ、某人材企業に就職したという情報を見つけました。その後、しばらくして弊社の人事宛てに突然電話がありました。

私が電話に出たとき、担当の名前を聞いて愕然としました。なんと、そのとき連絡が取れなくなった学生が、就職した人材企業から営業電話をかけてきていたのです（特徴的な苗字だったため覚えていました）。

このように、コミュニケーションをきちんと完了しないことが、その後の人生に思わぬ悪影響を及ぼすリスクがあるということを伝え、社会常識を教えていきます。

現代の若者は、ＳＮＳのコミュニケーションが基本。既読スルー（文面を読んだだけで、返事をしないこと）でＯＫという感覚です。コミュニケーションの完了とはどういうことなのか、最初に教えておく必要があるのです。

コミュニケーションを完了しようとしないのは、学生の甘えというより、一般常識の欠如でしょう。教えられていないから知らないのです。時代の変化によって起きている現象だと思います。

親や周囲の大人から教育を受ける機会が減り、社会常識の教育機関の役割を果たしていた体育会やゼミの上下関係も薄れています。自分の行動で学部の後輩に迷惑がかからないようにするという意識の伝承も、十分になされていないのかもしれません。

だからこそ、早い段階から人事部門が社会人の先輩として、前述のようなアドバイスをすることで、マナー違反が起こらないようにしていきましょう。

それは企業にとってプラスであると同時に、前途ある若者を将来の不幸から救うことにもなります。採用担当者は、そういう思いを抱いて学生と接してほしいと切に願っています。

もう1つ、人事関係者なら心得ておきたいことがあります。私たち大人は、何の挨拶もなく連絡を断ち切るような学生に対して、「そんな学生はダメだろう」とつい決めつけてしまいます。

しかし、ときには、「違うかもしれない」という仮説を立ててみることも大切です。ダメだと考えることもできますし、教育でカバーできると判断することもできるのです。

実際、教えられていないから単に知識がないだけで、仕事そのものの能力は高い学生もいます。ただ知らないだけなら、教えてあげるだけで、成長して大化けする可能性も大いにあります。

Point▼学生に社会常識を教えることで音信不通を防ぐ

71 一次面接は効率性を重視する

採用・就活は、一般的にはエントリー→説明会→一次選考→二次選考→最終選考と進んでいくわけですが、それぞれの段階ごとに注意すべきポイントがあります。

説明会では、なるべく多くの学生に「この会社、面白そうだな」と思ってもらわなければなりません。それがうまくいけば、一次選考では多くの学生を対象とすることになります。

すると、時間と労力と選考の効率性がポイントとなってきます。第4章でも述べていますが、採用戦略上、一次選考でなるべく多くの学生を次の選考に展開するのか、それとも採用ターゲットでない学生を多く選んでいくのか、どちらが効果的なのかを考えます。

一次選考で面接を行う場合は、全員のハートを熱くさせ、次の選考に残したい人への何らかのメッセージを残すことが重要です。

場合によっては、一次選考はグループ面接も効果的です。グループ面接をするメリットは、同じ時間の中で複数人を同時に見て判断できるので効率的な点です。一方、本当に口説きたい学生にリーチできないというデメリットがあります。

また、グループワークを取り入れる方法もあります。私がグループワークを取り入れる場合は、採用したい人を選ぶのではなく、採用しない人を選ぶために行います。

私がグループワークで重要とするのは、そのワークセッションを行うことで、会社の魅力や仕事の仕方が、学生から見てより想像がつく内容にすることです。

企業によっては、何となくグループワークのテーマを本業や仕事とは関係ない内容にする場合があります。例えば、「サッカー、野球、アメフト、ラグビー、陸上、その他、このチームで何をすると一番盛り上がるか？」とか、「ノアの方舟《はこぶね》であなたなら真っ先にどの動物を船から降ろすのか？」」といった内容です。

根本的には、学生はこのグループワークに自分が良いと思っているペルソナ（本来の学生の在り方ではない）で参加し、発言します。その話し合いを数分見たところで、人事がどんなに真剣に向き合っていても、学生の真の姿を見極めることはできません。なので、明らかに採用しない人を選ぶ観点で行うほうがいいでしょう。

グループワークの位置付けは、しっかりとした意図を持ったうえでテーマを決めてください。


Point▼一次選考では採用しない人を選ぶ

72. 志望動機を聞いてはいけない

一次面接で聞く定番の質問が、志望動機です。これはエントリーシートも同様です。

しかし、志望動機は聞いても意味がありません。なぜなら、それはファクトではなく学生が作り上げたストーリーだからです。何かの事実を材料に、その学生なりの解釈をして作り上げたストーリー。それを聞いても、本当に欲しい答えは見つかりません。大抵最初に出てくる志望動機の奥には、もっとリアルな欲求が隠れています。

学生をあまり理解できていない面接官は志望動機を尋ねて、「うちの会社のこと、わかってないな。全然、勉強してないね」「モチベーションが低いし、志望動機も弱いから落とそう」となりがちです。

本気で人財を採りたいのならば、学生をより深く理解すべきであり、その理解は、作り上げられた志望動機を尋ねることなどでは得られません。

私は学生から家庭環境を聞きます。ただし、これは一般的に面接では聞いてはいけない都市伝説化された禁止項目です。それを理由に落とせば差別問題等が生じ、労働基準監督署に駆け込まれることにもなりますし、質問すること自体が学生に悪い印象を残すことになります。

しかし、どんな家庭でどんなふうに育てられてきたのか、どういうコミュニティに属して誰から何を学んできたのか、何を体験してきたのか……。こういうことこそ、当人を知るための大きな手がかりでしょう。

私は採用に際して、就活生に愛情を持って接することを心がけています。それが入社後、他社へ行った学生も含め社会人となった後の当人に、好影響をもたらすと考えているからです。それと同様、学生を選抜する際にも、迷ったら親に愛されているほうを採ることにしています。

私はご両親の職業も含めて、採用の参考になることはすべて聞きます。改まった質問ではなく、話の流れの中で「それは誰に教わったの?」「何で親父さんの世界に入ろうと思わないの?」などというように工夫していきます。あるいは、学生が自ら語る状況に持っていく。

育つ過程で誰からどんな教育・影響を受けてきたのかは、人物判断には無視できぬ重要なことなので、聞いたほうがいいと思うのです。

ただ、これは採用したい学生に限ります。最初から採用ターゲットでない学生には聞きません。悪い印象を残したり、労基署に駆け込まれてしまうかもしれないリスクがあるからです。

一次面接のポイントは、いかに相手との関係構築ができるかなのです。ラポール形成(信頼関係の構築)です。それさえできていれば、学生は大抵のことは嫌がりません。志望動機という創作ストーリーを聞くより、そこに至った経験や環境を知るほうがずっと有益なのです。

Point▼採用したい学生の家庭環境は愛情を持って聞き出す

73. 学生にありがちな自己PRから真実を見極める

学生にありがちな自己ＰＲにこんなものがあります。

「私は社交的で、すぐ人と打ち解けるのが得意です。この社交性の強みを生かし、営業職を志望しました」

採用担当をしていれば、頻繁に耳にするような自己ＰＲだと思います。こうした多くの学生が行うような自己ＰＲを、どこまで信じたらいいのでしょうか。

学生がもし「社交的で友人が多いタイプ」とＰＲしたなら、こんな質問をすると真実がわかります。

質問①　Facebookのお友達は何人ですか？（数字化する）

質問②　年齢層と性別はどんなバランスですか？

また、どんなコミュニティがきっかけでお友達になっていますか？

（友達の属性とコミュニティを明確化する）

ホワイトボードに表を書いてみましょう。X軸に「年代（男女）、コミュニティ」と書き、Y軸に10代男性、10代女性、20代男性、20代女性、30代男性というように60代以上女性まで書きます。年代（男女）の欄には友達全員の各年代（男女）の割合が何%かを埋めてもらいます。

その横に、主にどこのコミュニティで友達になったかを書いてもらいます。例えば、同世代ならゼミや学生団体、30代ならバイト先の社員さん、40代ならベンチャー企業の経営者や地元草野球チーム、60代なら囲碁教室などです。これで営業のアポを取ることに関しての適性が見えてきます。

Point▼学生の曖昧な自己PRは数字化・明確化させる

74. 多くの学生が「この会社がいい！」と決める、二次面接のポイント

就活において学生は、必ずどこかの段階で、「よし、この企業に行こう。ここに入りたいな」

と意思決定します。それが行われるのは、エントリー↓説明会↓一次面接↓二次面接↓最終面接と進んでいく、どの段階なのでしょうか。

大学生の就職活動ふり返り調査（２０１２年・リクルートマネジメントソリューションズ）によると、「選考のどの過程で最も志望度が高まったか？」という質問に「面接」と答えた割合が最も高く34・９％でした。となれば、採用側としては面接が最も重要なプロセスであるとも言えます。とくに私が注目したいのは二次面接を誰が担当するかです。

就活生の心理状態の変化を分析してみましょう。

説明会へのエントリー・出席は、学生が「行きたい会社」として最初に選ぶ企業なので、この時点で既に、かなりの意思が固まっていると想像しがちですが、決してそうではありません。最初の説明会は、「何となく興味本位で」という参加が多いものだからです。

その説明会で、「面白そうな会社だな」と改めて関心を持ち、一次面接を受ける。幸いそこを突破できれば、「この会社のことをもっとよく知りたい」という思いが、より強く、より具体化していきます。

さて、**そこで二次面接です。ここで登場してきた人物、面接官が、とても魅力的であれば、就活生は「やはりこの会社、すごいな。いいなあ」と強く感じます。漠然としていた憧れ、関心**

が、はっきりとした形を持ったものに変わるのが、このタイミングなのです。企業規模や事業内容など会社全体への関心から、そこで働く人々のレベルや雰囲気へと移るタイミングでもあるからです。

この二次面接は、一般的には人事部長クラスによる面接となるでしょう。二次面接を担当する人は、この段階の重要性、学生の心理に与える影響を十分に認識しておかなければなりません。具体的には、その面接で語るべきこと、質問すべきこと、注意点等は次の3つです。

①「学生の本質的な欲求は何なのか？」を一緒に考えること

嘘で固められた志望動機でなく、「大手というブランドや、とにかく安心感が欲しい」「人に喜んでもらって、その人から感謝の言葉を直接もらいたい」といった、学生だけでは発見できないような欲求を私は探します。これにはコーチングのスキルが必要です。「あなた自身のエネルギーが湧くこととは何か？」という疑問文の要素となるものを出しにいくイメージです。

②学生が興味のある世界観と会社の共通点を論理的に3つ見つけること

「①の本質的な欲求は、そもそもこの就職活動で叶うのか？（夢と現実）」「もし自社内で実現できそうだとすると、どういう形となって現れるのか？」を伝えていきましょう。このような共通点が３つ発見されると、学生と企業との間に大きくて丈夫な橋がかかります。志望度合いが間違いなく上がります。

③会社を説明するのではなく、入社後に活躍できている姿をインスパイアすること

面接こそ机上の空論です。言葉で人にインスパイアする（影響を与える）ことは簡単ではないかもしれません。日頃、私もコーチングの中で研究を重ねています。

面接は学生からすると、仕事の説明を受けられる機会かもしれません。もし面接において、まるで仕事を体験し、自分が入社後に活躍している姿を想像できたとするとワクワクが止まらなくなります。人はそういった希望が創出されると、表情が自然と変わります。その表情を見ると、私は役に立てた気がして大変嬉しい思いになります。

また、面接官のキャスティングも大事になります。人事担当者の中でも、例えば学生が体育会系なら面接官も体育会系を選ぶ。そのほうが、私の経験からも、こちらの話を素直に聞いてくれる確率は高まります。そうでない学生だとすると、体育会系とはまったく異なるタイプの担当者が面接するほうが効果的なことも多いようです。

また、学生は現場でどのような人が働いているのかも知りたいもの。現場の人間もキャステ

イングしてあげたほうがいいでしょう。その場合の人選も的確に行わなければなりません。

Point▼学生が「この会社に入りたい」と思える共通点、将来像を提示する

75. 学生の成功をサポートする意識で接する

2つの業界の間で選択に迷っている就活生がいました。飲食業界とブライダル業界です。その学生は女性ですが、職業選びの基本は「人を幸せにしたい」「だからサービス業を」でした。そして、飲食関係とブライダル、両方から内定をもらっていたのです。どちらかに決断すべきときが迫っていました。

実は私は、片方の企業の採用コンサルタントとして当の学生と面接を重ねていたのです。しかし、その立場を離れて、学生にとってどちらが本当にベターかを第一に考えました。両業種のビジネスモデルの違いなどを説明し、学生の本心からの選択を引き出すよう努めたのです。

同じサービス業ですが、両者には多くの差があります。

まずブライダルの場合、顧客との商談はだいたい長くとも約1年。月に何度か打ち合わせし、トータル15回程度とすれば、15回×何時間という時間を投資することになります。

一方、飲食関係は、区切られた期間がありません。そのお店がある限り永遠です。お客様のリピートが儲けのポイントなので、ＰＲ費をかけずに顧客のファン化を図りたい業界。その点、ブライダルは常に新規相手、初めて会った人を口説く仕事です。

ターゲット層も、ブライダルは、結婚する人です。お客様はカップルと特定されています。飲食関係は不特定多数。ただし、飲食店も店のタイプによって客層が決まります。ファミレスならファミリー、居酒屋ならサラリーマン中心。少しおしゃれな店にはＦ１層（20～34歳までの女性）も多く、高級なレストラン、料亭・旅館なら富裕層を相手にする業態となります。

吉野家のような牛丼チェーンではスピードが重要なので、お客様と話す必要はありません。むしろ話すことはマイナスです。「いきなりステーキ」のような立ち食い・立ち飲みの業態でも、いかに回転率を上げるかがポイントです。会話より、肉をいかに美味しく焼くかのほうが重要になります。こうした具体的な店名を挙げつつ、丁寧に会話していきます。

ひとくちに「人と接して、人を幸せにするサービス業を」と言っても、厳密に差異を考えることが必要なのです。

「吉野家に興味があります」と言う学生に理由を聞くと、「昔から好きで利用していたので」という答えが返ってくることが多々あります。しかし、そこにあるのは自分がお客としての視点だけです。

「ということは、あなたは学生をターゲットにしたお店で働きたいの？　ところで客単価が2万円の店には行った経験がありますか？　なかったら、自分の人生のために投資して行ってみたらどうですか？　サービスの内容が全然違いますよ」

と、本人が見落としている、客層や客単価によるサービスを提供する側の違いという視点を見出し、勘違いを丁寧に正していきます。

ブライダルの場合も、表面的な関心からの志望であることが少なくありません。友人や親戚の結婚式に出席して「こういう仕事、いいな」と感じたのがきっかけだったといった理由です。

しかし、それは列席者からの視点にすぎません。プランナーの仕事は、実際は接客をしている時間よりも、打ち合わせやテレビのADが行っているような仕事も多いものです。

では、ブライダルで求められるものは何か。プランナーを目指している場合には、評価される指標は素晴らしい披露宴を創り上げることももちろんですが、成約率と客単価です。この成約率と客単価をテーマに、問題解決をし続けることができれば、より高いステージのプランナーへと昇ることになります。

ただ、その営業は生半可な気持ちではやり遂げられません。その覚悟があるのかどうか、ということです。

単に接客で得られる「サービスして幸せにする喜び」にやりがいを感じるのか？　それとも披露宴の受注のように、最終的に契約書にサインをもらう「成約する」ようなサービス業のほうにやりがいを感じるのか？　学生の深層心理まで引き出す会話を続けます。

学生の自己分析は、ファクトではなく自分が作り上げたストーリーです。そこで、助け舟を出します。

学生が過去を振り返ってみて、例えば、「目の前に人参をぶら下げられて、私は燃えました」「誰かと試験の点数について競って楽しんでいました」「陸上競技でタイムを縮めるのが好きでした」と言えるかどうかです。

「あなたが、そのようなタイプだったら、プランナーのセールスという側面から見て、ブライダルは面白いかもしれないね」とアドバイスします。２つの業界を例に挙げましたが、他の業界を比較するときも同じです。

以上のように、**面接も学生の成功をサポートする意識を持って行うことが大切だと私は考えています。学生の、社会経験の不足からくる勘違いや思い込みを正すことも、面接官の大切な役割の１つだと思います。**

Point▼悩む学生の成功をサポートする意識で接する

76. 複数内定を持つ優秀な学生を他社に取られないためにできること

優秀な学生は、他社との競合になることが当然あります。では、複数の内定を持つ学生に、自社に決断してもらうポイントは何か。それは、競合他社を分析して、どのフィールドでの闘いなら勝てるかを知ることです。

例えば、同じ中小企業で、一方は高卒で叩き上げの社長が率いる歴史ある会社、他方はベンチャー企業で、幹部は高学歴の頭脳集団とします。

私は採用コンサルタントとして10シーズン近く活動してきて、多いときは1シーズンに平均3000人ほどの就活生と会っていますが、その中には高学歴でもロジックよりマインド優先のタイプの学生もいます。学生は高学歴であれ何であれ、就活の過程で、一瞬、さまざまな憧れを持つものです。面接で会った社長のファッションが「本当にかっこ良い！」と心酔したり、熱く語る高卒叩き上げ社長の会社に憧れたりもします。

そんなとき、私は学生に対して「冷静に、確率論で分析してみよう」と提案します。

ここであらかじめ断っておきますが、私は社長の学歴や事業内容の優劣自体を云々しようとしているわけではありません。また、将来どちらが大発展を遂げるか、逆に潰れてしまうか、誰にも予測などできません。以下に述べるのは、学生の選択を促すための一種のメソッド、テクニックとして、「こういう条件下での競合なら、こういう説得法がある」という1つのモデルケースを例示するにすぎませんのでご了承ください。

仮に競合他社とは「組織の質」というフィールドで勝負できそうだと判断したら、まず世の中全体の倒産率を現実の数字を基に説明します。過去の事例で、入社した先が倒産して給料が何カ月も未払いになった人の例を話します。実際にそういう方も社会にはいます。在職中に転職マーケットで通用する何かを学べるか、ということが重要になってくるという話もします。

まずは、経営数字と経営陣のバックグラウンドからの分析です。上場会社の場合、経営数字はＨＰに決算関連のデータ開示があります。また、企業によっては帝国データバンクからも数字を見ることができます。学生の中で経営分析までできる人はほぼいませんので、社会人からの解釈を伝えることが可能です。

また、経営者のバックグラウンドから見ると経営幹部の比較ができます。ベンチャー企業の高学歴で戦略コンサルタント会社のマッキンゼー出身の社長と、他コンサル会社出身の方が中途採用で役員クラスにいる会社と、家族経営をしている会社で社長は2代目に代わる事業承継のタイミングがこれからあり、現社長の周りには、35年前に現場から叩き上げで役員になった方々がいる会社。

どちらの会社から、より多く学べそうか。どちらのほうが自分は戦いやすいのか。これは、学生の志向によって変わります。自社の強みを強調する際には、比較のフィールドを設定し、学生の気づきにつながるデータや視点を提供してあげればいいのです。

しかし、私も経営者です。会社は経営者の器ほど大きくはなりません。日々、自問自答を繰り返します。100人の経営者がいれば、100通りの経営価値があります。経営に唯一正しい答えはありません。会社を大きくするのが正解でもありません。学生が迷っている会社の社長の想いや経営方針、数年後のビジョン、これは聞いてみなくてはわかりません。

Point▼学生の気づきにつながる視点で競合他社と比較する

77. クロージングで学生を自社に導くためのトーク術

もう1つ、獲得したい学生を、面接でこちらの会話に引き込むにはテクニックも必要です。それは営業のテクニックと同じものです。

面接官が、例えば学生にボルヴィックの水（フランス原産の軟水ミネラルウォーター。キリンビバレッジが輸入・販売）に興味を持ってもらいたい営業マンと、同じ立場にあると仮定してみましょう。「このボルヴィックの水って、すごいね、最高だね」と伝えたいときに、さまざまな角度から話を振ってみるのです。

「ボルヴィックは、水という資源を守ることを真剣にやっているよね。村の水源地は自然環境保護のため、関係者以外には非公開で徹底管理されているそうだね」

という話をしてみて、相手が興味薄のようであれば、その話題を続けても仕方ありません。

そこで、次に「クリスタルガイザー（カリフォルニア州北部の自然保護地区の湧水。大塚食品が輸入・販売）とボルヴィックが戦う場合、どういう戦術があるかな」という話を繰り出してみる。いろいろなポイントを提示して、相手がどこに興味を示すか探るのです。

興味領域の違い、すなわち、相手のニーズは聞いてみないとわからないので、「どのポイントに刺さるのか？」を探ります。そして、最終的に相手のニーズのある領域での会話で自分の手元まで相手を引き寄せるのです。

ポイントは、面接官が勝手に自分の伝えたいことをアピールし、一方的に喋るのではなく、相手の歩み寄りを導き出すこと。そのためには、会話の引き出しを豊富に備えておかなければならないでしょう。

Point▼学生に対してさまざまな角度から話を振る

礒谷幸始（いそや・ゆきはる）

株式会社リード・イノベーション 代表取締役
コーチング・コンサルタント

1981年、千葉県生まれ。私立江戸川学園取手高校から立命館大学経営学部へ進学。大学時代はアメリカンフットボール部に所属し、主将としてチームを大学史上初の日本一に導く。

2003年に卒業後、日本アイ・ビー・エム株式会社に入社。営業活動をしながら、社会人アメフトXリーグ1部所属IBM BigBlueのキャプテンとして常勝チームへと成長させる。営業マネージャー、アメフトチーム創りの経験から、人や組織を成長させることに興味をもつ。

その後、人事として、エンターテイメント企業、東証1部飲食チェーン企業の人財開発部門のGMを務める。飲食チェーン企業では2年間でエントリー数を5倍以上にするなど、採用難易度の高い業界で次々と採用を成功させる。

大橋禅太郎氏、雨宮幸弘氏との出逢いにより、「すごい会議」の社会的価値に共感。2015年に株式会社リード・イノベーションを設立し、代表取締役に就任。マネジメントコーチングと採用・教育コンサルティングを柱に、『全てのチームを史上最高に。』というミッションを掲げ、経営にインパクトが起きるチーム創りを実践している。世界中のトライアスロン（ironmanレース）に参戦し、3年連続で完走。

1万人を面接してわかった
上位5％で辞めない人財を採る方法77

2018年5月31日　第1刷発行

著　者　礒谷幸始
発行者　長坂嘉昭
発行所　株式会社プレジデント社
〒102-8641 東京都千代田区平河町2-16-1
平河町森タワー 13F
http://president.jp　　http://str.president.co.jp/str/
電話　編集(03)3237-3732
　　　販売(03)3237-3731

編集協力　鮫島 敦　沖津彩乃（有限会社アトミック）
編　集　渡邉 崇
販　売　桂木栄一　高橋 徹　川井田美景　森田 巌
遠藤真知子　末吉秀樹
装　丁　秦 浩司（hatagram）
制　作　関 結香
印刷・製本　中央精版印刷株式会社

ISBN978-4-8334-2281-9
Printed in Japan